Der Midas-Effekt

Wenn Träume Realität werden

Raja Öllinger-Guptara

(serendii)

ISBN 978-3-9503713-5-2

©2014 Copyright by Raja Öllinger-Guptara & serendii publishing

Verlag: serendii publishing, Siegendorf
DREAMICON VALLEY

Inhalt:

Was man wissen sollte, wenn man dieses Buch liest

Dieses Buch ist für die, die es wagen wollen, ihre Träume umzusetzen!

Ein Grund, der mich dazu bewegt hat, mich mit Träumen zu beschäftigen und dieses Buch zu schreiben, liegt darin, dass ich in menschlichen Charakteren häufig zwei unterschiedliche Wesensarten erkennen konnte.

1. **Die Realisten:** Es sind die Menschen, die ich zum Beispiel aus dem Fitnesscenter kenne. Menschen, die jeden Atemzug im Hier und Jetzt leben, die Häuser bauen, Firmen gründen und genau wissen, wie sie reale Dinge umsetzen können und das auch tun.

2. **Die Träumer:** Auf der anderen Seite gibt es die Träumer, die Visionen schaffen und die Welt verändern möchten und stärker auf einer visionären Ebene agieren und denken. Doch hier habe ich entdeckt, dass es gerade diesen Menschen sehr schwer fällt, ihre Träume und Gedanken in die Realität zu bringen.

Mit diesem Buch will ich jenen Menschen helfen, die es bisher nie gewagt haben, ihre Träume umzusetzen, genau das zu tun.

Und das ist einfacher, als es sich anhört. Aber nur, wenn man die richtigen Hinweise auch kennt. Doch wie beim Sport und in der Fitnesskammer brauchen auch Träumer einen Trainer, der etwas von seinem Know-how zur Verfügung stellt und Hinweise zu den Methoden gibt, mit denen sie ihre Ziele erreichen können. Es gibt einige Merkmale bei Träumern, die ich immer wieder feststellen konnte. Zum Beispiel isolieren sich viele von ihnen mit ihrem Traum von ihrer Umwelt und behalten den Traum häufig für sich alleine.

Oft denken sie, wenn ich nur einmal genügend Geld, die richtigen Kontakte oder andere Dinge habe, dann werde ich meinen Traum umsetzen. Dabei vergessen sie das Wichtigste! Sie vergessen, dass sie auch dann noch die richtigen Hinweise benötigen und denken nicht daran, sich einen Trainer zu suchen!

Kein Erfolg ohne Trainer

Wenn wir an die Australian Open denken oder auch an Wimbledon; ob es Roger Federer, Rafael Nadal oder Serena Williams ist – irgendwo in einer Ecke des Courts sitzt immer die Trainerin oder der Trainer und gibt den einen oder anderen Hinweis, der dazu beiträgt, das Spiel zu gewinnen und zur Weltklasse zu zählen. Der Job eines Trainers ist es, mit einer kleinen Hilfe einen minimalen Vorteil zu verschaffen, der schlussendlich zwischen Erfolg und Niederlage entscheidet. Trainer, wenn sie auch nicht immer genau so bezeichnet werden, finden sich überall. In der Kunst, in der Wirtschaft oder auch in der Technik. Überall geben Trainer die Hinweise, die den entscheidenden Hinweis bieten, der den Vorteil verschafft.

Für die Traumentwicklung und Traumrealisierung sind diese **Hinweise** entscheidend!

Wenn ich jemandem sage, er soll in den ersten Stock gehen, aber ihm nicht zeige, wo die Treppen sind, ist es schwer für ihn, hinauf zu gehen. Sage ich ihm aber, wo die Treppen sind, dann ist es sehr, sehr einfach. Ebenso verhält es sich mit Träumen. Wer die richtigen Schritte kennt, hat es bedeutend einfacher, seinen Traum umzusetzen.

Es gibt viele Träumer, die vor sich hin träumen. Dieses Buch soll all jenen ein Trainingshandbuch sein, die ihre Träume auch umsetzen wollen und es bisher nicht gewagt haben. Oft sind nur kleine Hinweise notwendig, um zu realisieren, wie viel Energie in jedem von uns steckt und die Gabe, Gedanken zur Wirklichkeit werden zu lassen! Ebenso, wie es einst der legendäre König Midas vermochte, alles zu Gold zu verwandeln, das er berührte.

Es ist sehr wichtig, sich auf dieses Training voll einzulassen und die Hinweise richtig zu verstehen. Träumer sind Einzelgänger und denken, sie schaffen alles aus eigener Kraft. Sie denken nicht daran, dass sogar herausragende Persönlichkeiten wie Roger Federer Trainer haben und diese Trainer sogar von Zeit zu Zeit auswechseln. Träumer müssen sich unbedingt Trainer suchen!

Viele denken bei ihren Traumressourcen an Geld, Kontakte oder Räumlichkeiten, aber niemand denkt daran, sich auch einen Trainer zu suchen!

In meinem beruflichen und privaten Leben habe ich viel erreicht. Am Anfang stand immer ein Traum. Es ist eine Tatsache, dass das jeder kann!

Mit diesem Buch möchte ich für das erste Stück des Weges zum Traum ein Trainer sein und viele wichtige Hinweise für Träumer geben!

Ein weiser Mensch benötigt nur den richtigen Hinweis.

FLUMINA DE VENTRE EIUS FLUENT AQUAE VIVAE

Aus seinem Inneren werden Flüsse aus lebendigem
Wasser fließen.

Evangelium nach Johannes, 7,38

Alles was wir träumen, tun und schaffen wollen. Es kommt alles aus
uns selbst. Jeder von uns hat die Energie und die Kraft und all die
Möglichkeiten bereits in sich selbst, um seine Welt in jedem Moment
zu verändern!

Der Schmetterlingseffekt bei Träumen

Träumen wohnen geheimnisvolle, aber sehr mächtige Dynamiken und Kräfte inne. In der Wissenschaft existiert seit Jahrzehnten die Theorie des Schmetterling- oder Butterfly-Effekts[i]. Dieser besagt, dass der Flügelschlag eines Schmetterlings in Japan ausreicht, um am anderen Ende der Welt in Südamerika einen Hurricane auszulösen.

Diese Theorie, die von vielen Wissenschaftlern unterstützt wird, zeigt nicht nur, dass alles in unserer Welt miteinander verbunden ist, sondern vor allem, dass jede noch so kleine Ursache riesige (und ewige!) Auswirkungen hat.

Wer seine Träume verfolgt und sei es zu Beginn auch nur durch kleine Aktionen oder Änderungen in seinem Leben, der wird überrascht feststellen, welch große positive Folgen dies in der Zukunft für ihn oder sie haben kann!

Der Schmetterlings-Effekt ist wahrscheinlich eine der wichtigsten Wahrheiten, nach denen unsere Welt funktioniert. Auch, wenn der Eindruck der Wiederholung entstehen mag, aber dieses Prinzip findet sich in jeder, wirklich jeder Situation in unserem Leben und deshalb wird uns der Schmetterlingseffekt auch noch mehrmals in diesem Buch begegnen. Wer versteht, dass der Butterfly-Effekt **überall** existiert, kann dieses Wissen zur Erreichung seiner Ziele nützen.

Den Butterfly-Effekt können wir nicht nur bei Wetterphänomenen entdecken. Wer genau hinsieht, findet dieses Prinzip in jeder Situation und in jedem Prozess auf unserer Welt:

- Ein neugeborenes Kind kann Hunderte, Tausende, Hunderttausende und sogar Milliarden von Nachfahren haben.

- Ein einziges Niesen in einem Flugzeug kann alle anderen Flugpassagiere anstecken und krank machen.

- Ein einziges Krankheitsbakterium kann der Auslöser für eine Pandemie in einer ganzen Stadt oder einer Region sein. (oder der ganzen Welt: Vogelgrippe, Maul- und Klauenseuche…)

- Die Verbreitung von Aids funktioniert nach demselben Prinzip. Ein einzelner Infizierter, der ein paar sexuelle Kontakte hat, kann eine halbe Stadt anstecken. Er wird das selbst natürlich nie auf sich zurückführen, weil sich die Verbindung zwischen ihm und den anderen Infizierten seinem sichtbaren Kenntnisfeld entzieht.

- Eine kleine Bewegung mit dem Fuß auf das Bremspedal kann ein Auto von 300 km/h auf 0 herunter bremsen.

- Rudolf Diesel hat vor über 100 Jahren nur den Dieselmotor erfunden, aber damit die Stromversorgung ganzer Gebiete, die Entwicklung von Dieselfahrzeugen und die moderne Frachtschifffahrt ermöglicht sowie die Globalisierung unterstützt.

- Eine nur einen halben Zentimeter große Änderung am Steuer eines 500 Meter langen Tankschiffs bewegt das riesige, stockhaushohe Ruder am Heck und damit den ganzen Tanker, ändert seine Route und lässt ihn statt in New York in Rio ankommen.

- Wenn ich einen Artikel schreibe und die Maustaste drücke, um diesen Artikel im Internet zu veröffentlichen, hat theoretisch ein Großteil der gesamten Menschheit Zugang dazu. Niemand kann sagen, wer den Artikel liest oder welche Auswirkungen dies noch für ihn, andere oder die gesamte Gesellschaft haben wird.

- Mit der Betätigung eines einzigen Lichtschalters können Hunderte oder Tausende von Lampen in einer Fabrikhalle an- und ausgeschaltet werden, die Arbeiter darin können unter guten Lichtbedingungen arbeiten, die Produkte der Fabrik werden qualitativ hochwertig, verkaufen sich dadurch gut und auch die Elektrizitätsfirma verdient Geld.

- Bei Voice-Activated-Systems genügt es alleine schon, zu sprechen, damit sich das Licht oder ein anderes Gerät ein- oder ausschaltet.

- Ein Bauer namens Hargassner[ii] in meiner Nachbarschaft in Oberösterreich hat eine kleine Verbesserung für Pellet-Öfen entwickelt und am eigenen Hof damit begonnen, diese zu verkaufen. Heute steht dort eine mehrere 100 Meter lange Werkshalle, in der die Öfen in Serie produziert werden.

- Die damals noch arbeitslose J.K. Rowling hatte ursprünglich vor, eine Geschichte für ihre Kinder zu schreiben. Diese erlangte allerdings weitaus größere Aufmerksamkeit und ist heute unter dem Titel Harry Potter weltbekannt. Eine ganze Buchserie, Kinofilme und Merchandising-Artikel folgten, Fanclubs wurden gegründet und unzählige Autorinnen und Autoren wurden dazu angeregt, ähnliche Geschichten zu schreiben.

- Die spätere Bürgerrechtlerin Rosa Parks weigerte sich im Jahr 1955, ihren Sitzplatz im Bus für einen Weißen freizugeben. Mit dieser kleinen Entscheidung löste sie den von Martin Luther King organisierten Montgomery Bus Boycott sowie zahlreiche Protestbewegungen und spätere Gerichtsverfahren aus, die schließlich zum Ende der Rassendiskriminierung in den USA führten.

- Mahatma Gandhi organisierte in der ersten Hälfte des 20. Jahrhunderts eine Vielzahl von gewaltfreien Protestmaßnahmen gegen die britische Kolonialmacht, die die Unabhängigkeitsbewegung förderten und schließlich zur Unabhängigkeit Indiens, der heute größten Demokratie der Welt führten.

Ein wirkliches Gefühl für die Macht des Schmetterlingseffekts kann oft nur dann gewonnen werden, wenn man ernsthaft darüber nachdenkt, wo der Butterfly-Effekt in der eigenen Lebensgeschichte bereits gewirkt hat. Deshalb ist es wichtig, sich folgende Frage zu stellen:

Wo ist der Schmetterlingseffekt in meiner Lebensgeschichte bereits aufgetreten?

Wo hatten kleine Aktionen und Taten meinerseits große Folgen oder Veränderungen für mein Leben oder mein Umfeld zur Folge??

Der Schmetterling sieht meist den Hurricane nicht kommen...

Auch wenn viele Menschen wissen, dass es den Schmetterlingseffekt gibt und dass sich dieser in jeder Situation wieder finden lässt, fällt es ihnen häufig schwer, dieses Prinzip mit ihrem eigenen Leben in Verbindung zu bringen. Sie sehen nicht, wo und wann sie bereits kleine Dinge getan haben, die große Auswirkungen hatten. Dafür gibt es einen ganz einfachen Grund.

Unsere Welt ist so groß und komplex, dass wir die Folgen unserer Taten in den allermeisten Fällen einfach nicht erfassen können. Die Taten und Folgen liegen **örtlich** und **zeitlich** oft weit auseinander.

Genau das ist der Haken! Den Butterfly-Effekt gibt es überall. Aber weil die Folgen nicht sofort sichtbar oder nicht immer verfolgbar sind, sind sie uns nicht bewusst. Und darum verlieren wir leicht den Glauben an die Macht unserer kleinen Taten.

- Jemand, der Kinder zeugt, sieht vielleicht noch seine Enkel und Urenkel, aber seine hunderten und tausenden Enkel der vielfachen Ur-ur-ur-Generation wohl nicht mehr.

- Wer heute eine Erfindung macht, kann keinesfalls erahnen, was Menschen in 100 Jahren damit anfangen werden. Einige Erfinder sind ihrer Zeit sogar voraus. Und andere Erfindungen sind noch nicht ausgereift, inspirieren aber spätere Erfinder zu Weiterentwicklungen, die wiederum die Welt erobern.

- Ein Autor, der ein Buch schreibt, kann nicht sehen, wen dieses Buch inspiriert und wozu es die Leser möglicherweise bewegt, da sich diese häufig in anderen Ländern befinden oder die

Inspiration erst viele Jahre später einsetzt und nicht mehr konkret auf das Buch rückführbar ist. Wir wissen heute beispielsweise nicht genau, was Nostradamus genau mit seinen Schriften bewegen wollte. Dennoch kommen seine Texte heute, hunderte Jahre später, immer wieder auf und veranlassen Menschen dazu, Verschwörungstheorien zu stricken, Artikel zu schreiben oder sich in Bunkern einzunisten und Nahrungsmittelvorräte zu hamstern.

- Berühmte Musiker sind sich zwar darüber bewusst, dass sie Fanclubs in vielen Ländern haben, aber weder wissen sie etwa, wie viele Fans es genau sind, noch wissen sie, welche vielleicht nur regional bedeutenden Aktionen ihre Fans veranstalten, da diese schlichtweg nicht in ihrem unmittelbaren Blickfeld liegen.

- Die meisten Menschen zahlen Steuern und jeder leistet einen kleinen Beitrag. Aber so gut wie niemand weiß, wofür sein Geld genau vom Staat verwendet wird. (Schulen, öffentliche Verkehrsmittel, Sozialhilfen, Militär)

- Wer heute ein Produkt, welches auch immer, kauft, setzt damit nur eine kleine Aktion an der Supermarktkasse. Er kann aber nicht sehen, wie viele Löhne damit gezahlt, Unternehmen erhalten, Familien ernährt oder Wirtschaftskreisläufe in Gang gehalten werden.

Die Folgen unserer Taten werden uns nur in wenigen Fällen tatsächlich bewusst. Aber Tatsache ist: **Alles**, was wir tun, **hat** Auswirkungen!

In der Quantenphysik gibt es sogar Theorien dazu, dass schon alleine das Ansehen eines Moleküls mit dem Auge ewige Folgen hat!

Alle unsere Taten haben **ewige** Folgen!

Sensible Abhängigkeit
der Anfangsbedingungen

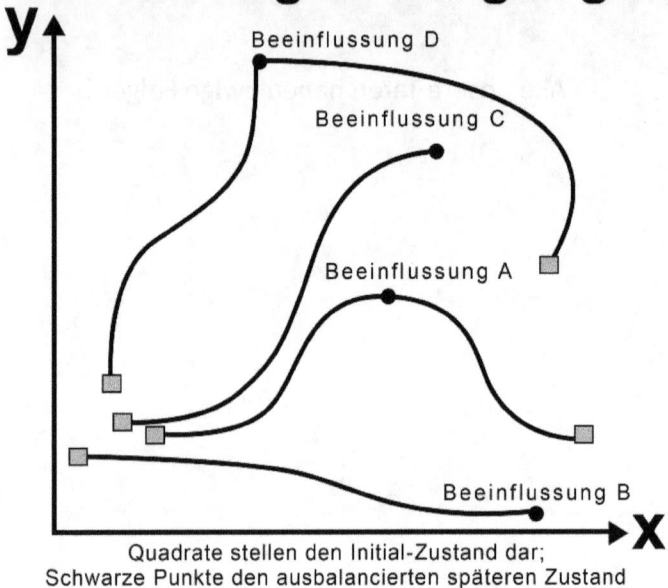

Quadrate stellen den Initial-Zustand dar;
Schwarze Punkte den ausbalancierten späteren Zustand

Alle Prozesse in dieser Welt und deren Ergebnisse sind extrem sensibel abhängig von den ursprünglichen Ausgangssituationen sowie beeinflussenden Faktoren während des Ablaufs. Entscheidend ist, welche und dass wir Aktionen setzen, so klein sie auch sein mögen.

"Eine der überraschendsten Folgen des modernen Modells der Darwinschen-Theorie ist, dass scheinbar triviale, kleine Einflüsse auf die Überlebenswahrscheinlichkeit bedeutenden Einfluss auf die Evolution haben können. Dies ist mit der enormen Zeitspanne zu erklären, die diese Einflüsse zur Verfügung haben, um wirksam zu werden."

Richard Dawkins, Charles Simonyi Professor for the Public Understanding of Science at Oxford University

Obdachlos in Indien

„Nun lebte ich also auf der Straße. Und das mitten in Indien, in einer der ärmsten Regionen der Welt. Obwohl die Familie meines Vaters wohlhabend war, blieb uns nach dem Hindu-Erbrecht und der Entscheidung meiner Mutter, Christin zu bleiben, nach dem Tod meines Vaters nichts mehr. Und so war ich früh auf mich alleine gestellt. Tag für Tag musste ich erneut dafür sorgen, bis zur Nacht wenigstens einen Bissen Brot erbetteln zu können, um nicht ganz zu verhungern. Ich konnte mir keine Hilfe erwarten. Von niemandem. Wusste nicht, woher oder wann die nächste Mahlzeit kommt. Und gleichzeitig war ich doch ein junger Mann voller Tatendrang, der die Welt sehen wollte. Sollte es das etwa schon gewesen sein? In den 1970er-Jahren war Indien ein Land reich an Kultur - aber sicherlich nicht reich an Möglichkeiten.

Es dauerte lange, bis meine Mutter wieder ins Berufsleben einsteigen konnte und sie unsere Familie wieder besser versorgen konnte. Doch auch später, als meine Mutter wieder eine Stelle hatte und ich bereits eine Hotelfachschule besuchte, arbeitete ich am Abend als Kellner, um meine Familie zu unterstützen. Mein Fleiß zahlte sich aus und ich konnte in einem Luxushotel in Bombay anfangen, wo ich bald zum Hotelmanager aufstieg. Ich war 23 und für indische Verhältnisse ein gemachter Mann. Und eigentlich hätte ich in dieser Position bleiben können. Doch was ich nicht wusste war, dass meine Schwester andere Pläne für mich hatte.

Schon als ich noch ein Kind war meinte Sie, ich solle mir die Welt anschauen und ins Ausland gehen. Als sie in der Zeitung eine Annonce *über ein von den Vereinten Nationen gesponsertes Auslands-Stipendium in Europa las, meldete sie mich ohne mein Wissen an. Ehe ich wusste, worum es dabei eigentlich genau ging, saß ich in einem aufwändigen Auswahlverfahren. Meine Chancen schienen aber gering. Denn in Indien war es damals Nationalsport, sich für Stipendien im Ausland zu bewerben. Und so war ich auch hier nicht der Einzige, der auf die Annonce reagierte.*

Wie ich später erfuhr, hatten sich nicht weniger als 6.000 junge Inder mit mir um das Stipendium beworben. 6.000 junge Inder, die wollten, was ich wollte! Viele von ihnen mit besseren Voraussetzungen, aus wohlhabenderen Familien, mit besserer Ausbildung als ich und vor allem mit politischen Kontakten.

Nach einer sehr langen Selektionsphase waren von ehemals 6.000 nur 7 zu Detailgesprächen eingeladen. Einer davon war ich. Und selbst hier schienen meine Chancen gering. Die anderen Sechs waren allesamt Söhne von Politikerpersönlichkeiten oder indischen Unternehmensmagnaten. Alles, was ich hatte, war mein Idealismus, mich selbst durch ein Studium in Österreich weiter entwickeln zu können und einen Schritt nach vorne zu machen. Als ich im Warteraum saß, wo die Finalisten zu Einzelgesprächen geholt wurden, sprach ich ein Stoßgebet aus. Ich legte es in Gottes Hände, ob ich nach Europa gehen sollte oder nicht. Das war mein Butterfly-Effekt. Zu meiner großen Überraschung bekam ausgerechnet ich das Stipendium!"

„Wenn ihr wollt, ist es kein Märchen!"

Theodor Herzl

Am Anfang steht immer der Traum.

Der zweite wichtige Schritt ist es, diesen Traum **wirklich** realisieren zu wollen. Wenn man etwas wirklich will, dann ist es nicht länger ein Traum, sondern in diesem Moment bereits Realität.

Wer sich Ziele setzt, sollte zu Beginn ganz genau ausloten, warum er diese Ziele erreichen möchte und ob es wirklich eine Herzensangelegenheit ist, die man für sich Realität werden lassen möchte. Wer eine Sache wirklich mit ernsthafter Überzeugung und all seiner Energie umsetzen will, hat den halben Weg bereits hinter sich gebracht.

Sobald man eine Sache **will**, ist es kein Traum mehr!

Tausende Jahre der Menschheitsgeschichte und mehr sind Wirklichkeit geworden, nur weil Menschen Träume hatten und diese wirklich erfüllen wollten!

3 Ts

Träume ohne Taten sind tot.

Taten bringen Träume zum Tanzen.

Sich Träume auszudenken und in den schönsten Visionen auszumalen sind erste gute Schritte, um das eigene Bewusstsein in die richtige Richtung zu lenken. Doch bevor wir nicht auch Taten folgen lassen, sind Träume tot. Dahingegen bringen Taten unsere Träume zum Tanzen!

Wer Träume realisieren will, muss Taten setzen. Jetzt!

Wer raus geht auf die Straße, im Bus seinen Sitznachbarn zuhört oder auch in Gesprächen mit Freunden und Familie nach Träumen anderer fragt, wird schnell erkennen, dass niemand ohne Träume ist. Doch würde jemand eine Statistik führen, die auflistet, wie viele Menschen ihre Träume auch tatsächlich einmal leben können, wäre deren Anteil wohl nur gering.

Die meisten Menschen haben zwar Träume, tun aber rein gar nichts, um diese zu realisieren. Das Glück wird jenen zuteil, die Taten setzen und etwas daran setzen, um ihren Zielen näher zu kommen. Denn von alleine passiert das nicht. Und auch dafür gibt es einen Grund. Der Grund dafür ist einer der zentralen universalen Geheimnisse, die unsere Welt ausmachen und sie schon immer gestaltet haben.

Um es ganz einfach auszudrücken. <u>Wir ernten, was wir säen.</u> Wer Stillstand aussendet und immer nur in der vertrauten Situation verharrt, wird genau dort bleiben. Träume wollen tanzen und fühlen sich von Bewegung wie magisch angezogen. Wer durch Taten Bewegung in sein Leben bringt, wird überrascht sein, wie rasch sich Möglichkeiten und hilfreiche Werkzeuge auftun und sich manchmal wie aus heiterem Himmel anbieten, die uns dem Ziel deutlich näher bringen.

Auch hier zeigt sich der Schmetterlingseffekt wieder sehr deutlich. Wer beispielsweise einmal einen anderen Weg zur Arbeit nimmt als sonst, entdeckt vielleicht etwas, das er noch nie gesehen hat oder lernt im Zug vielleicht sogar einen neuen Schlüsselkunden kennen, der das Geschäft in neue Sphären hievt.

Wer immer nur auf die gleichen Veranstaltungen geht, wird immer die gleichen Leute treffen. Wer aber einmal auf eine Veranstaltung geht, die er ansonsten eigentlich nicht besuchen würde, kann womöglich sehr interessante Menschen kennenlernen oder sogar die große Liebe.

Auch viele junge Unternehmer und Erfinder, die immer nur im eigenen Teich fischen und auf den großen Investor warten, wären überrascht, wie groß die Folgen sein könnten, wenn sie vielleicht einmal ihren Buchhalter darauf ansprechen, anstatt immer nur mit Kollegen darüber zu reden.

Der Domino-Effekt

Wer ein Steinchen antippt, muss sich darauf gefasst machen, viele Steine ins Rollen zu bringen.

Viele Menschen fühlen sich hilflos und denken, sie hätten nicht die Kraft, ihre eigenen Träume Wirklichkeit werden zu lassen. Dabei übersehen sie oft, dass jede kleinste Aktion Folgen und Reaktionen auslöst. Selbst kleinste Taten können in der Zukunft 100e und gar 1.000e von Folgen auslösen und damit unsere eigene Zukunft und die von anderen nachhaltig beeinflussen und grundlegend verändern. Wie vielfältig und zahlreich diese Folgen im Nachhinein sein können, lässt sich erkennen, wenn man sich mit Fragen nach dem Schema „Was wäre gewesen, wenn…" beschäftigt und dabei etwa die Menschheitsgeschichte betrachtet. Dass etwa unsere Vorfahren in der Steinzeit offensichtlich durch Beobachtung der Natur entdeckt hatten, wie man Feuer macht oder dass sich wilde Pflanzen auch domestizieren lassen, um die Ernährungssicherheit dadurch zu erhöhen, hatte Folgen für die gesamte Menschheit, die unsere primitiven Vorfahren sich wohl nicht in den kühnsten Fantasien ausmalen konnten. Oder wie wäre die Geschichte verlaufen, wenn die Dampfmaschine nicht erst im 18. Jahrhundert ihren Siegeszug angetreten hätte, sondern gar im antiken Ägypten? Tatsächlich gibt es einige Hinweise dazu, dass der ägyptische Ingenieur und Mathematiker Heron von Alexandria die Funktionsweise einer Dampfmaschine entdeckte, aber nur nicht zu nutzen wusste. Hätte die industrielle Revolution bereits 2.000 Jahre früher beginnen können?

Natürlich lässt sich im Blick auf die Vergangenheit nichts mehr verändern und niemand kann mit Sicherheit sagen, was gewesen wäre, wenn. Aber dieser Blick in die Vergangenheit hilft zu verstehen, welch riesiges Potenzial in nur kleinen Änderungen, Erfindungen und vor allem Taten steckt. Wenngleich sich die Vergangenheit nicht mehr verändern lässt, die Zukunft ist noch ungeschrieben und wer nur einen kleinen Dominostein in seinem Leben zum Kippen bringt, muss sich darauf gefasst machen, damit möglicherweise sogar Berge zu versetzen.

Wie überall, wird gerade hier die Nähe zum Schmetterlingseffekt wieder deutlich. Denn eine noch so kleine Aktion kann eine Vielzahl von teils großen Folgen nach sich ziehen.

In einer Atombombe ist die Initialzündung im Vergleich zur eigentlichen Explosion minimal. Innerhalb der Atombombe findet sogar eine regelrechte Kettenreaktion statt, die schließlich zur Atomexplosion führt. Diese kleine Initialzündung sorgt somit für verheerende Folgen. Häufig werden nur die unmittelbaren Schäden einer Atomexplosion als Folgen gesehen. Doch das Gebiet ist auf Jahrtausende hin verstrahlt, Menschen und Tiere erkranken, Landstriche werden entvölkert, die Politik ändert sich und auch auf die Wirtschaft und Kultur des betroffenen Landes hat die Explosion Auswirkung. Und alles nur wegen einer minimal kleinen Initialzündung, die einen Domino-Effekt ausgelöst hat.

Eine ähnliche Kettenreaktion lässt sich auch bei der friedlichen Nutzung von Atomenergie zur Stromerzeugung beobachten. Bei der Kernspaltung wird ein Atom in mehrere kleinere Teilchen aufgespaltet. Die frei werdenden Neutronen tragen zur Spaltung weiterer Atome bei, die wiederum Neutronen freisetzen. Der Prozess wiederholt sich unzählige Male, obwohl am Anfang nur ein einziges Atom aufgespalten wurde. Es gibt unterschiedliche Arten von Kernkraftwerken, aber in allen wird dieser Prozess der Kettenreaktion genutzt, um Energie zu erzeugen, die Millionen von Haushalten mit Strom versorgt.

Auch in einer Dampflokomotive spielt sich eine Kettenreaktion ab, die Ausgangspunkt für den Schmetterlingseffekt ist. Indem der Heizer Kohle in den Heizraum schaufelt, wird Wasser darüber erhitzt und es entsteht Dampf, der unter großem Druck wiederum Kolben und damit die Lokomotive antreibt. Die Folgen der Betätigung einer Kohleschaufel bestehen somit darin, dass Waren und Passagiere von A nach B transportiert werden können, Menschen rechtzeitig ihren Arbeitsplatz erreichen, ihre Familien ernähren können, die Geschäfte am Bahnhof Umsätze machen, Firmen ihre Produkte exportieren können und vieles andere mehr. Und alles nur, weil ein kleines (Kohle) -Steinchen angetippt und in den Heizkessel einer Dampflokomotive geworfen wurde.

Schneeball-Effekt

Eine Kettenreaktion kann sich in einigen Fällen auch zum Schneeballeffekt auswirken. In diesem Fall verstärkt sich der Effekt bei jeder weiteren Aktion bzw. Reaktion. So kann aus einer kleinen Mücke eine Riesensache werden. Besonders oft findet man diesen Effekt im Bereich der Kommunikation. Speziell Menschen, die sich mit Social-Media beschäftigen, wissen um den so genannten viralen Effekt Bescheid. Ein interessantes Bild oder ein Video, das man gerade noch an seinen Freund geschickt hat, sieht man am nächsten Morgen schon mehrmals im Internet, da es öfter und öfter geteilt wurde und innerhalb kurzer Zeit ein riesiges Publikum erreicht hat und es vielleicht sogar in konventionelle Medien schafft.

Der Welleneffekt

Ein weiterer Effekt, in dem sich der Butterfly-Effekt auch wieder deutlich zeigt, ist der Welleneffekt. Wirft man einen Stein ins Wasser, so entstehen rundherum Wellen und breiten sich nach allen Richtungen aus. Es ist nicht möglich, einen Stein oder einen anderen Gegenstand ins Wasser zu werfen, ohne, dass dieser Effekt eintritt. Die Wellen breiten sich bis ans Ufer aus, werden dort zurück geworfen oder überlagern sich mit anderen Wellen. Aber es ist ein unendlicher Prozess, auch wenn die Wellen nach einiger Zeit mit dem Auge nicht mehr sichtbar erscheinen mögen oder sich in den anderen Wellenbewegungen der Wasseroberfläche zu verlieren scheinen.

Ein Niemand in Österreich

„Salzburg: Ich war tatsächlich in Europa angekommen. Was sich 5.999 andere, die dieselbe Chance hatten wie ich, nicht erträumen konnten, hatte ich geträumt und nun auch erreicht. Nur, weil ich es träumen konnte, konnte ich die Steine ins Rollen bringen und es Wirklichkeit werden lassen.

Das Stipendium hat mir nicht nur einen Auslandsaufenthalt und ein Studium ermöglicht, sondern in Salzburg habe ich auch Berta, die Frau meines Lebens, kennen und lieben gelernt. Sie kam aus einem kleinen Dorf in Oberösterreich, wo ihre Eltern einen Bauernhof hatten. Mein Anfang in Österreich war dennoch nicht einfach. Es war nicht erlaubt, mehr als 100 US-Dollar aus Indien mitzunehmen. Ich kannte niemanden und hatte keine Ahnung, womit ich mein Geld verdienen sollte. Es war nicht meine Sprache und eine fremde Welt. Dennoch haben sich Wege gefunden, in dieser für mich fremden und neuen Welt Fuß zu fassen.

Es ging mir gut. Und dennoch nagte etwas an mir. Ich war Nichts oder genauer gesagt, zu wenig. Es war die Zeit des Eisernen Vorhangs. Das Land war umgeben von Staaten des Ostblocks und jeden Tag konnte ich in der Zeitung lesen, wie mehr und mehr Flüchtlinge kamen, die in den Westen wollten. Zudem war Österreich kein Einwandererland. Es war nicht Amerika, wo man eine oder 10 Millionen machen konnte, selbst dann, wenn man eigentlich nur Bodybuilder war wie Arnold Schwarzenegger. Die Grenzen dessen, was man erreichen konnte, lagen in den USA viel höher und die Hürden auf dem Weg dorthin schienen in Amerika niedriger. Das war eine ganz andere Mentalität. Im Gegenteil begegnete mir in Österreich immer wieder eine

Reserviertheit gegenüber Fremden und damit auch mir gegenüber. Dennoch gelang es mir, wieder eine Anstellung zu bekommen und so war ich Geschäftsführer in mehreren Restaurants und später auch in einem Luxushotel.

Keinesfalls wollte ich aber, dass Berta eines Tages dachte, ich wäre ein Wirtschaftsflüchtling und hätte sie nur geheiratet, weil es mir in Österreich gut ging. Und so drehten sich meine Gedanken mehr und mehr darum, wieder eine neue Richtung in meinem Leben einzuschlagen. Und wieder, wie aus heiterem Himmel, als hätten meine Gedanken sich mit denen meiner Schwester verknüpft, gab sie mir einen Hinweis. Ja sogar sehr deutlich. In der Zwischenzeit war sie Generalkonsulin in Israel. Und immer wieder erzählte sie mir eindringlich von dem, was sich vor der Botschaft zutrug. Sie meinte, ich wäre ein Dummkopf. Vor ihrem Büro schliefen Leute die ganze Nacht, um eine Greencard zu bekommen. Und ich schien ihrer Ansicht nach eine solche Chance nicht einmal in Erwägung zu ziehen. Irgendwann konnte ich ihre Hinweise nicht mehr ignorieren und beantragte eine Greencard."

Fragen, verfolgen, agieren
Fragen zeigt Demut

Wer seine Träume verwirklichen möchte, muss bereit sein, zu fragen. Niemand auf der Welt hat die Weisheit mit dem Löffel gefressen. Selbst die größten und hellsten Köpfe der Welt, die wir heute bewundern, hatten Trainer und Lehrer und wussten, wo sie Informationen finden. Die Vermittlung von Wissen ist einer der wichtigsten Schlüssel zur menschlichen Entwicklung.

Niemand, der heute ein Auto fährt, ein Feuerzeug benutzt, mit einem Computer im Internet surft oder mit Raketen zum Mond fliegt, kann dies tun, weil er von Geburt an klug oder geschickt genug dazu ist. Jeder Mensch kann heute auf Erfindungen und Entwicklungen aus einer Geschichte zurückgreifen, die 2.000 Jahre alt und noch weitaus älter ist. Bevor die Menschen Autobahnen bauen konnten, musste irgendjemand vor tausenden Jahren das Rad erfinden. Heute sind diese und andere Erfindungen das Erbe der Welt, auf das jeder Mensch zugreifen kann. Über die Schule, das Internet und das wissenschaftliche Erbe ist es uns möglich, auf diesem Wissen aufzubauen. Auch wenn wir vieles als selbstverständlich ansehen.

Wer seine Träume verfolgen will, muss bereit sein, zu fragen. Denn im Fragen nach Antworten und nach Wissen liegt ein besonderes Geheimnis begründet: Wer fragt, zeigt Demut! Und wer Demut vor der Welt zeigt, dem öffnen sich Türen.

Nur ein arroganter und selbstsüchtiger Mensch fragt nicht. Denn er hat Angst, dass er damit zeigt, dass er nicht klüger ist als andere. Das

Fragen trägt ein besonderes Geheimnis in sich. Denn in dem Moment, in dem wir Fragen stellen, beweisen wir Demut gegenüber dem, was es in der Welt gibt. Frage, frage, frage! Wer kennt die Antworten, die mich bei meinem Traum unterstützen? Frage nach und beweise Demut vor der Welt.

Sehr bekannt ist die Geschichte von Steve Jobs, einem der Gründer des heutigen Technologiekonzerns Apple. Als er selbst noch in die Schule ging, sollte er in seiner Klasse ein Projekt durchführen. Er hatte eine Idee, aber keine Bauteile dafür. Er wusste aber, wo er die Bauteile bekommen könnte. Also schnappte er sich ein Telefonbuch und rief Bill Hewlett, den Geschäftsführer des Unternehmens Hewlett Packard an und fragte ihn, ob er ein paar Ersatzteile von HP-Druckern bekommen könnte, die er in seinem Schulprojekt verwenden wollte. Der Geschäftsführer zeigte sich beeindruckt vom Schreiben des jungen Steve Jobs. Er schickte ihm nicht nur die gewünschten Teile, sondern bot ihm auch einen Sommerjob in seinem Unternehmen an, von dem man annehmen kann, dass er Steve Jobs sicher noch viele weitere Türen geöffnet hat.

Wer Fragen stellt, zeigt damit auch, dass er seinen Traum wirklich verfolgt. Denn es sind immer Fragen, deren Antworten wichtige Schlüssel zur Erreichung der Ziele sind. Schlussendlich gilt es, diese Antworten auch zu nutzen und in Aktionen umzusetzen!

HHH oder Redwood-Prinzip

Die Redwood-Bäume in Kalifornien zählen zu den größten Bäumen der Erde. Sie erreichen eine Höhe von bis zu 110 Metern und mehr und haben einen Stammdurchmesser von bis zu 17 Metern. Beim Anblick dieser majestätischen Bäume nehmen wir jedoch nur wahr, was sich über der Oberfläche zeigt. Damit die Redwood-Bäume aber erst diese atemberaubenden Höhen erreichen können, ist es notwendig, dass sie unter der Erde ein ebenso mächtiges Geflecht an starken Wurzeln ausbilden. Die Wurzeln nehmen häufig riesige Flächen um die Bäume herum ein.

Menschen, die hoch hinaus wollen und große Träume haben, müssen ebenso darauf achten, ihr Wurzelwerk gut auszubilden. Mein Sohn Clemens Öllinger-Guptara hat dafür den Leitspruch „from head to heart to hands" geformt. Träume entstehen zuerst im Kopf und müssen danach zuerst das Herz erreichen, bevor die Hände genutzt werden können, um Träume auch wirklich umzusetzen.

Leider vergessen viele Träumer auf diesen wesentlichen Zwischenschritt, zuerst ihr Herz sprechen zu lassen, bevor sie ihre Hände nutzen, um eine Idee umzusetzen. Nachdem eine Idee in ihrem Kopf entstanden ist, versuchen sie, diese sofort in Ergebnisse umzumünzen. Wer auch das Herz in seine Pläne mit einbezieht, der kann mit Leidenschaft und weitaus mehr Energie an die Sache herangehen und erhält damit nicht nur zusätzlichen Rückenwind, sondern auch das oft so notwendige Extra an Durchhaltevermögen. Wer aus voller Herzensüberzeugung seine Träume verfolgt, der wird die kommenden Herausforderungen viel einfacher meistern.

Also:

1. Kopf
2. **Herz**
und erst dann in die Hände!

Was immer du TUST und WARUM du es tust,
macht den Unterschied.

Herz = Glaube

Mit dem Herzen ist natürlich der Glaube an die Sache direkt verbunden. Die Positionierung des Herzens ist weitaus wichtiger als viel Bewegung für einen Traum!

Der Glaube an eine Sache kann eine weitaus größere Hebelwirkung haben als viele Taten, die man nicht aus voller Überzeugung ausführt.

Wer sich an die Realisierung seines Traumes macht, muss vorher sein Herz exakt positionieren und sich dazu einige Fragen stellen.

Wie sieht mein Traum exakt aus?
Wie sieht der Weg zu meinem Traum aus?
Ist mir die Realisierung dieses Traumes eine Herzensangelegenheit?

Die Positionierung des Herzens und des Glaubens an eine Sache ist deshalb so wichtig, weil auf dem Weg nach oben viele Widerstände und Ablenkungen warten. Man trifft auf Menschen, die einem einreden, das könne so niemals funktionieren oder auf Menschen, die einem Wege zeigen, wie es vermeintlich schneller funktionieren könnte.

Bei jeder dieser kleinen Entscheidungen muss mit dem Herzen abgewogen werden, welchen Weg man geht oder nicht. Denn vielfach entpuppen sich vermeintlich schnellere Wege als Wege zu zweitrangigen Zielen, die wir eigentlich ursprünglich gar nicht erreichen wollten. Hier verlieren viele Träumer ihr eigentliches Ziel aus dem Blickfeld und verschwenden darüber hinaus viel Zeit und Energie. Es besteht die Gefahr, dass wir den eigenen Traum durch geringere, zweitrangige Ziele ersetzen.

Das Prinzip des Glaubens findet sich in allen Situationen wieder. Wenn ein Autofahrer nicht daran glaubt, dass sein Auto stehen bleibt, wenn er seinen Fuß auf das Bremspedal stellt und es daher nicht tut, wird das Auto nicht stehen bleiben.

Wenn ein Pilot nicht daran glaubt, dass das Flugzeug abheben wird und er es sich daher nicht zutraut, auf der Startbahn zu beschleunigen, wird das Flugzeug niemals abheben. Noch schlimmer, wenn er bereits halb in der Luft ist, aber nicht daran glaubt, dass er weiterfliegen kann und daher nicht weiter beschleunigt.

Wer also nicht daran glaubt, dass kleine Ursachen große Folgen haben, wird seinen Traum nie erreichen können.

Dieser Glaube ist die Grundvoraussetzung für Träumer, um die Brücke zur Realität zu bauen.

"Was immer du tun kannst oder träumst, es zu können, fang damit an!"

William Hutchinson Murray

Oder wie der Autor Paulo Coelho es in seinem Welterfolg „Der Alchimist"[iii] beschreibt: „Wenn du eine Sache wirklich willst, wird das ganze Universum darauf einwirken, dass du dein Ziel erreichst". Ebenso ist dem gebürtigen Brasilianer Coelho nicht entgangen, dass alle Anfänge eine unsichtbare, glückliche Dynamik begleitet. Anfängerglück eben für die, die mutig sind und ihre Sache beginnen!

Dieses Anfängerglück und warum sich plötzlich Türen und Wege öffnen, sobald ein Träumer beginnt, an seinem Traum zu arbeiten und eine Sache beginnt, lassen sich auch noch viel bodenständiger und einfacher erklären:

Denn wer sich in eine neue Richtung bewegt und Dinge tut, die er zuvor vielleicht noch nie gemacht hat, der trifft automatisch auch auf neue Menschen, neue Erkenntnisse und auch Unterstützer und Partner, die beim Erreichen des Traums behilflich sein können und wollen. Diese Helfer kommen nicht aus dem Nichts! Sie waren schon immer da! Man hat sich vorher nur nie auf sie zu bewegt.

Oft sitzen unsere größten Helfer direkt neben uns. Bevor wir aber unseren Traum nicht aussprechen, werden sie nie davon erfahren und auch nicht auf die Idee kommen, uns zu helfen, da sie gar keine Kenntnis von unserem Traum nehmen können.

„Sobald der Geist auf ein Ziel gerichtet ist, kommt ihm vieles entgegen."

„Nicht die Umstände bestimmen uns, sondern wir bestimmen unsere Umstände"

„In der Idee leben heißt: Das Unmögliche so zu behandeln als wenn es möglich wäre"

„Es ist nicht genug, zu wissen. Man muss auch anwenden. Es ist nicht genug zu wollen, man muss auch tun"

Johann Wolfgang von Goethe

Das Hebelprinzip

"Gib mir einen Punkt, wo ich stehen kann
und ich hebe die Erde aus den Angeln."

Archimedes

Viele von uns haben in Mathematik oder Physik von dem griechischen Gelehrten Archimedes gehört. Wenn sich auch nicht jeder gleich stark für Mathematik und Physik faszinieren kann, ist vermutlich ein berühmter Satz zu Archimedes Hebelgesetz aber vielen im Gedächtnis geblieben:

„Gib mir einen Platz, auf dem ich stehen kann und ich kann dir die Welt aus den Angeln heben!"

Archimedes wollte damit das riesige Potenzial einer Hebelwirkung sehr plastisch andeuten. Hätte Archimedes am richtigen Platz im Weltall stehen können und hätte er den richtigen Hebel gehabt, so hätte er mit diesem die ganze Welt mit Leichtigkeit aus den Angeln heben können.

Natürlich und selbstverständlich findet sich dieses Prinzip nicht nur in der Technik. Es lässt sich auch für Träume anwenden. Wer vor einer großen Herausforderung steht, die scheinbar unüberwindbar ist, steht vielleicht nur am falschen Platz oder hat nicht den richtigen Hebel zur Verfügung. Vielleicht sollte man den Standort wechseln oder einen anderen Hebel wählen, um sein Ziel zu erreichen.

Newtons 3. Gesetz

Newtons drittes und vielleicht wichtigstes Gesetz lautet:

„Jede Aktion erzeugt eine Reaktion."

Können wir an eine Reaktion denken, der keine Aktion vorausgegangen ist!???

Der Durchschnittsmensch glaubt, wenn ich etwas tue, geht das niemand anderen etwas an, es hat keine Auswirkung, keine Konsequenzen für meine Umwelt. Ein Irrtum!

Jede Aktion bewirkt eine Reaktion! Nicht jede Reaktion tritt sofort ein und nicht jede Reaktion tritt am selben Ort ein, weshalb wir viele Auswirkungen unseres Handelns gar nicht wahrnehmen. Doch all unser Handeln hat immer auch eine Auswirkung!

Wenn ich einen Ball an die Wand schmeiße, prallt dieser ab und fällt wegen der Schwerkraft zu Boden. Wenn ich auf einem Schiff auf dem Weg über den Atlantik das Ruder auch nur um ein Grad ändere, lande ich anstatt in New York vielleicht in Rio. Wenn ich als Mann ungeschützten Sex mit einer Frau habe, steigt die Wahrscheinlichkeit, dass ein Kind daraus entsteht. Wenn ich mit dem Flugzeug fliege, wird dadurch CO_2 in die Luft freigesetzt und wenn ich jeden Tag Fleisch esse, muss irgendwo auf der Welt jemand mehr landwirtschaftliche Flächen bereitstellen, um Futtermittel für das

Schlachtvieh zu erzeugen. Wenn ich einen Banküberfall verübe, muss ich damit rechnen, ins Gefängnis zu kommen oder mich lange Zeit vor der Polizei verstecken zu müssen. Verstelle ich das Höhenruder bei einem Flugzeug, landet dieses nicht in Moskau, sondern vielleicht sogar in Tokio!

Keine Aktion auf dieser Welt bleibt ohne Reaktion!

2.000 Jahre sind Realität geworden

Ein bemerkenswertes Beispiel dafür, welch immense Auswirkungen schon kleine Bewegungen haben können und wie weitreichend und langfristig Träume sein können, liefert das Beispiel von Israel und Theodor Herzl.

Das Gebiet um das heutige Israel war bereits vor rund 3.000 Jahren von Juden besiedelt. Nachdem das Reich geteilt und mehrmals von verschiedenen Mächten erobert wurde, gelangte es schließlich unter römische Kontrolle. Spätestens mit dem letzten Aufstand von Juden gegen die römischen Herrscher 135 n. Chr. begann die Diaspora, woraufhin sich die jüdische Bevölkerung über die Jahrhunderte hinweg auf die ganze Welt verteilte und das ehemals jüdisch geprägte Gebiet an der Levante abwechselnd zu verschiedenen Reichen gehörte. Fast zwei Jahrtausende lang existierte somit kein Land Israel auf der Landkarte.

Für das jüdische Volk war es in ihrer neuen Heimat nicht immer einfach, denn auch hier war den Juden ein Leben ohne Verfolgung nicht immer sicher. In jedem Gebet der Juden war daher immer der Satz enthalten „Nächstes Jahr in unserer Heimat."

Theodor Herzl, ein jüdischer Journalist, der im damaligen Österreich-Ungarn lebte, begründete im 19. Jahrhundert die Vision von einem eigenen Judenstaat, die er in seinem 1896 erschienenen Buch „Der Judenstaat"[iv] beschrieben hat. Auf dem alten Gebiet der jüdischen Siedlungen sollte eine Heimstätte für das jüdische Volk entstehen. Doch damit nicht genug. Theodor Herzl fand Mitstreiter, knüpfte

Kontakte in Politik und Wirtschaft, organisierte den ersten Zionistischen Weltkongress und gründete sogar Organisationen, die Land in Palästina ankaufen und die Ansiedlung von Juden unterstützen sollten. In seinem Roman „Altneuland"[v], prägte er das Motto

„Wenn ihr wollt, ist es kein Märchen."

Schon 1903 siedelten die ersten jüdischen Familien wieder in Palästina, obwohl es in der Region einen offiziellen Staat Israel noch lange nicht gab. Nach dem 1. Weltkrieg und dem Ende der osmanischen Herrschaft setzten sich auch die Länder des Völkerbundes für die Schaffung eines jüdischen Staates ein. Die ausführende Protektoratsmacht dafür war Großbritannien. Es folgten mehrere Siedlungswellen in die Region. Nach dem 2. Weltkrieg und nachdem das britische Mandat für Palästina abgelaufen war, wurde 1948 der moderne Staat Israel ausgerufen, was schnell zu Krieg mit den Nachbarstaaten führte. Doch wenn eine Geburt stattfindet, findet eine Geburt statt, wenn sie auch mit Schmerzen verbunden ist. Heute präsentiert sich der moderne Staat Israel als einer der wohlhabendsten der Welt.

Theodor Herzl konnte dies nicht mehr selbst miterleben. Er war bereits 1904 gestorben. Seine Bewegung, die er damals ausführte und organisierte, hatte jedoch ungeahnte Folgen, die weit über seine Lebenszeit hinaus und auch heute noch nachwirken. Er hat begonnen, was einzigartig in der Geschichte der Menschheit ist. Ein Land, das 2.000 Jahre lang nicht existierte, wurde erneut aus der Taufe gehoben. Mit der gleichen Ur-Sprache, der gleichen Ur-Religion und dem gleichen Ur-Volk. Ein 2.000 Jahre alter Traum ist Wirklichkeit geworden, weil Menschen es so wollten.

Genau mit diesem Satz „Wenn ihr es wollt, ist es kein Märchen" hat Theodor Herzl einen wichtigen Punkt für Träumer vorweg genommen. Denn genau hier liegt der Punkt, der über die Umwandlung von einem Traum in die Wirklichkeit entscheidet. **Es ist das Wollen!**

Theodor Herzl war kein Theoretiker, kein Philosoph oder großer Redner. Er hat es gemacht. Er hat ein ganzes Land aus einem Traum erschaffen.

Ahnungslos in Amerika

„Obwohl es mir gut ging und ich aus wirtschaftlicher Sicht keinen Grund hatte, Österreich zu verlassen, entschied ich mich, nach Amerika zu gehen. Ich wollte Karriere machen. In Österreich war dies nicht möglich. Die Liebe musste ich vorerst in Österreich zurück lassen. Ich dachte bei mir, wenn sie mich wirklich liebt, wird sie mir nach Amerika folgen.

Die so genannte Neue Welt war auch für mich eine völlig neue Welt. Aufregend und spannend, aber auch fremdartig und wieder herausfordernd. Wieder kannte ich hier niemanden, hatte keine Freunde, Bekannte und auch keine Ahnung, womit ich Geld verdienen sollte. Zumindest habe ich die Sprache bereits beherrscht. Ich wollte Berufskarriere machen. Was mir noch fehlte, war der Beruf. Aufgrund meiner Ausbildung und bisheriger Erfahrung bewarb ich mich für Jobs in der Hotellerie.

Ich fing als Kellner an, obwohl ich bereits Hotelmanager im Intercontinental Hotel Bombay war und in Salzburg bereits in Restaurants und Hotels als Geschäftsführer gearbeitet hatte. Der Grund war der, dass ich nur so ausreichend Zeit hatte, um auch Berta in Österreich zwischenzeitlich besuchen zu können. Als Kellner war es mir möglich, nur ein paar Tage in der Woche zu arbeiten. Doch auch diese kleinen Anfänge lösten eine Kettenreaktion aus. Es gelang mir später, Kontakte mit Tourismusorganisationen zu knüpfen, wo ich dann auch in höhere Positionen gelangte.

Amerika war gänzlich anders als alles, was ich zuvor gesehen hatte. Ich wusste, wenn ich Fleiß zeige, konnte ich Karriere machen. 20 Jahre lang blieb ich der Hotellerie und der Touristik treu. Ich hatte ein Gefühl von dem bekommen, was viele vielleicht als American Dream beschreiben. Aber es war mein Traum und ich hatte ihn gelebt. Schlussendlich war ich sehr erfolgreich.

Nur eine Sache in meinem Leben trübte meine Freude. Berta war nicht hier. Sie war all die Jahre in Europa geblieben und wir sahen uns nur bei gelegentlichen Besuchen. Mittlerweile ahnte ich, dass sie nicht umzustimmen war und ich früher oder später wieder zu ihr nach Oberösterreich gehen würde."

Das Mehrwert-System

Die meisten von uns wissen oder haben zumindest einmal im Fernsehen gesehen, wie Autos hergestellt werden. Stellen wir uns doch einmal vor, wir befänden uns in einer Autofabrik von Porsche. Hunderte und tausende Menschen arbeiten unter hohem Computer- und Maschineneinsatz in Fabriken wie dieser. Nach dem Fließbandprinzip durchläuft ein hier hergestelltes Fahrzeug die unterschiedlichen Stationen und innerhalb von oftmals Stunden entsteht bis zum Ende des Fließbandes ein komplettes Auto. Doch, um tatsächlich auch einen Käufer zu finden, muss es noch durch eine letzte Station. Denn am Ende des Fließbandes wartet ein Arbeiter, der die Aufgabe hat, das Fahrzeug zu reinigen und den Lack aufzupolieren. Diese Aufgabe trägt nicht unbedingt zur Herstellung des Fahrzeuges bei, aber dennoch ist dieser letzte Schritt ebenso wichtig wie alle vorangegangenen, da das Fahrzeug eben in diesem Schritt noch für die Kundschaft auf Hochglanz gebracht wird.

Der letzte Arbeiter am Fließband erledigt eine auf den ersten Blick vernachlässigbare Aufgabe, die eigentlich nicht mehr zum Produktionsprozess zählt. Denn der Wagen ist schon fertig. Doch wenn der Sportwagen nicht poliert ist, kauft ihn niemand. Der Arbeiter poliert das Auto nur und fügt dennoch einen kleinen Wert hinzu. Er musste das Rad nicht neu erfinden, sondern fügt lediglich einen kleinen Wert hinzu.

Ebenso kann auch auf keinen anderen Schritt im Fließbandablauf verzichtet werden. Jeder fügt einen kleinen Wert dazu. Und wiederum ist auch hier der Butterfly-Effekt enthalten. Der erste Arbeiter, der ganz zu Beginn vielleicht nur 2 Schrauben an eine Platte schraubt, sieht das vollendete Werk am Ende der Halle vielleicht gar nie. Und dennoch ist seine kleine Tätigkeit so bedeutend dafür, um am Ende ein komplettes Auto herzustellen. Eine sehr kleine Tätigkeit hat somit riesige Auswirkungen.

Das Mehrwert-Prinzip lässt sich auf unterschiedlichste Bereiche und Vorhaben anwenden und selbstverständlich auch bei der Realisierung von Träumen nutzen. Träumer glauben immer, sie müssten etwas gänzlich Neues schaffen und das Rad neu erfinden. Aber das ist nicht wahr!

Einige der größten Unternehmen der Welt wurden auf einem Geschäftsmodell aufgebaut, bei dem bestehenden Dingen nur ein kleiner zusätzlicher Wert hinzufügt wurde.

Wer Großes schaffen will, sollte somit nicht nur darauf achten, Neuartiges zu erzeugen, sondern vor allem erkennen, wie man die Dinge verbessern kann. Auch hier macht sich der Schmetterlingseffekt wieder bemerkbar.

Seien es das Internet, YouTube, Twitter, Tesla, facebook und Google oder der 3D-Druck - Die erfolgreichen Erfindungen der Welt sind meist nur Verbesserungen von bereits bestehenden Dingen, auf denen sie aufgebaut wurden.

Keine Erfindung der Menschheitsgeschichte war gänzlich neu. Es waren immer Dinge, die auf bestehenden Erfindungen oder Wissen aufgebaut haben oder verschiedene Erfindungen zu einem neuen Zweck auch zusammengeführt haben. In den meisten Fällen lässt sich erkennen, dass es sich nur um eine kleine Verbesserung handelte, die allerdings große Folgen hatte.

KISS

Keep it simple, stupid! (Halte es idiotensicher!)

Eine der wichtigsten Regeln um erfolgreich zu sein, besteht darin, Dinge einfach zu halten! Egal was man vorhat, Einfachheit sollte ihren Stellenwert behalten.

Jedermann kann eine Sache verkomplizieren und hochtrabend darstellen. Aber ist das zielführend? Geht es denn wirklich darum, eine möglichst kleine, hoch gebildete Elite anzusprechen, die dann doch nur 20% von dem versteht, was man ihr sagen möchte?

Oder geht es darum, zu verkaufen, - Produkte, Dienstleistungen, eine Botschaft? Und möglichst viele Menschen zu erreichen?

Die Fast-Food-Kette McDonald´s[vi] wurde im Jahr 1940 in Kalifornien gegründet. In den folgenden Jahren und Jahrzehnten hat das Unternehmen eine rasante Expansion nicht nur in den USA, sondern in der ganzen Welt hingelegt. Mit rund 35.000 Restaurants weltweit und Umsätzen jenseits der 27-Milliarden-Dollar-Marke ist McDonald´s heute der größte Restaurantkonzern weltweit. Doch was steckt wohl hinter dieser sagenhaften Expansion? Ein Faktor hat mit Sicherheit wesentlich zum Erfolg beigetragen. Denn schon von Anfang an waren die Gründer Richard und Maurice McDonald darauf bedacht, es simpel und einfach zu halten. Sie waren klug genug, das KISS-Prinzip zu berücksichtigen. Wenn ein Gast zu McDonald´s kommt, muss er nicht studiert haben, um die Karte zu entziffern. Es genügt sogar, auf das

Menü Nr. 3 oder auch das Menü Nr. 2 zu zeigen und man bekommt, was man will. Zum gleich Essen oder auch zum Mitnehmen!

Es ist keine Raketenwissenschaft!

Gib der Einfachheit die Ehre.

Es ist ein Irrglaube vieler Erfinder, Entwickler und Träumer, dass Ideen immer möglichst komplex und kompliziert gemacht werden müssen, damit sie einerseits hochwertig wirken und andererseits schwer zu kopieren sind.

Viel wichtiger ist es aber eigentlich, Ideen so zu gestalten, dass sie möglichst schnell multiplizierbar sind. Ein System, das auf der ganzen Welt 1:1 übernommen werden kann, hat das Potenzial, in ein Milliardengeschäft umgemünzt zu werden bzw. Milliarden von Menschen innerhalb kürzester Zeit zu erreichen. Das lässt sich an erfolgreichen Marken wie Ikea, facebook oder McDonald´s sehen.

Was einfach und profund klingt und ist, kann weltverändernd sein!

Entscheiden & konsequent handeln

Bis sich jemand tatsächlich zu einem Weg bekennt und sich dazu entscheidet, gibt es Zögern und die Möglichkeit, zurückzugehen.

Allen Initiativen zugrunde liegt jedoch eine elementare Wahrheit. Wer diese ignoriert, vernichtet damit auch unzählige Ideen und unendliche Pläne.

In dem Moment, wo sich jemand definitiv zu seiner Sache bekennt, nimmt die Fügung ihren Lauf!

Sobald man es will, ist es nicht länger ein Traum!

7-Schritte-Mantra

Ein Mantra stellt eine unglaublich gute Methode dar, um uns selbst mental auf einen Traum einzulassen und vor allem auch eine Veränderung in uns selbst zu vollziehen. Viele Menschen glauben, dass Mantras etwas sehr Spirituelles sind und daher nur etwas, das Priester oder Meister durchführen können. Doch auch hier ist es wieder die Einfachheit, die den großen Effekt vollbringt.

„Schwebe wie ein Schmetterling, stich wie eine Biene"

Dieser Satz, der den Kampfstil des Boxers Muhammad Ali beschreibt, ist ein Mantra und wird auch heute noch von Boxern und auch anderen Menschen genutzt, indem es immer wieder wiederholt wird, um sich selbst mental auf eine Sache einzuschwören.

1. **Entscheiden:** Es ist wichtig, sich klar und ernsthaft für sein Ziel zu entscheiden.

2. **Indoktrinieren:** Seinen eigenen Leitspruch immer und immer wieder zu wiederholen, fördert die Indoktrination. Dieses Ritual sollte man jeden Tag alle 3 oder 4 Stunden wiederholen.

3. **Tanzen:** Schließlich ergibt sich durch den gesprochenen Satz ein Rhythmus, zu dem man sich bewegt und tanzt.

4. **Bestimmen:** Nur wer seinen Traum ausspricht und damit entscheidet und bestimmt, dass er wahr wird und dass er an ihn glaubt, wird Erfolg haben.

5. **Erbitten:** In diesem Schritt gilt es, alle Ressourcen, Freunde, wichtigen Kontakte und die Natur um Unterstützung zu bitten.

6. **Tun:** Nun können Taten folgen!

7. **Erfüllung:** Der Traum beginnt, sich zu erfüllen.

„Was immer du tun kannst oder träumst, es zu können, fang damit an! Mut trägt Genie, Kraft und Zauber in sich."

Bergsteiger William Hutchinson Murray (1913 – 1996) aus seinem Buch The Scottish Himalayan Expedition

Alle möglichen Dinge geschehen, um dem zu helfen, der sich zu seiner Sache bekennt, sie wären aber andernfalls nie geschehen. Ein ganzer Strom von Ereignissen geht von der Entscheidung aus und öffnet ungeahnte Türen. Kontakte und materielle Unterstützung, von denen vorher nie jemand geträumt hätte, kommen ihm zu. (Serendipity)*

*Das Serendipity-Prinzip oder auch die „Fügung" ist ein Begriff, der vor allem im englischsprachigen Raum bekannt ist. Er beschreibt das Prinzip von „Finden, ohne gesucht zu haben". Ein Serendipity-Moment wird häufig auch als glücklicher Zufall beschrieben. Wer sich in die Richtung seines Traumes bewegt, wird vielfältige solcher Momente kennenlernen.[vii]

Versprochen!

Der kritische Wendepunkt

Wer sich mit dem Schmetterlings-Effekt beschäftigt und diesen in vielen Situationen beobachtet, wird feststellen, dass es bei Trends, sozialen Phänomenen, Ideen und anderen Dingen immer einen kritischen Wendepunkt gibt, ab dem aus einer kleinen Bewegung ein nicht mehr aufzuhaltendes Buschfeuer wird, das sich mit rasender Geschwindigkeit ausbreitet und immer mehr Kettenreaktionen auslöst.

Dieser kritische Wendepunkt wird von Malcolm Gladwell als „Tipping Point"[viii] beschrieben. Dieser kritische Siedepunkt, an dem aus Wasser Dampf, aus einem Virus eine Epidemie, aus einer Produktidee ein Trend und aus einer kleinen Vereinigung eine internationale Bewegung wird, ist entscheidend für die Erreichung von Träumen und Zielen aller Art.

Ein Nachteil an diesem kritischen Punkt besteht darin, dass man im Vorhinein nicht genau weiß, wann er erreicht ist und wie weit man also noch gehen muss, um den gewünschten Effekt zu erreichen. Viele Träumer stecken oftmals viel Zeit und Energie in ihre Projekte, um eben diesen kritischen Wendepunkt zu erreichen, doch sie haben das Gefühl, auf der Stelle zu treten. Und schnell geben sie ihre Pläne auch wieder auf, da sich der Erfolg nicht einstellt. Vielleicht aber hätten sie nur noch einen Tag weiter machen müssen, eine weitere Person von ihrer Idee überzeugen müssen oder einen einzigen neuen Entwurf gestalten müssen, um den kritischen Punkt zu erreichen, wo eine anfangs kleine Idee nicht mehr aufzuhalten ist.

Der Prozess zur Erreichung des kritischen Wendepunktes kann mit einem Berg verglichen werden, auf den man eine Bowlingkugel rollen möchte. Versucht man, die Kugel zur Spitze des Berges hinauf zu rollen, so gestaltet sich dieses Unterfangen als beschwerlich und man kommt nur sehr langsam voran. Überschreitet die Kugel aber den Wendepunkt, rollt sie ungebremst den Berg hinunter und ist nicht mehr aufzuhalten. Entscheidend für die rasante Beschleunigung der Kugel war neben der Tatsache, dass sie zuerst langsam auf den Berg befördert wurde vor allem aber der eine Millimeter an Bewegung, der oben an der Bergspitze notwendig war, um die Fahrt ins Tal auszulösen.

Der Tipping-Point, an dem Bewegungen und Trends ungeahnte Dynamiken annehmen, wird häufig auch mit Epidemien verglichen. Damit sich ein solcher Trend-Virus aber „erfolgreich" ausbreiten kann, ist z.B. aber besonders wichtig, dass auch die richtigen Menschen davon angesteckt werden. So darf man annehmen, dass sich eine neue urbane Schuhmarke wahrscheinlich deutlich schneller etablieren kann, wenn die Schuhe der Marke von jungen Menschen in Manhattan oder der Londoner City getragen werden als irgendwo in der Peripherie. Und diese Menschen, die für den Trend-Virus als Multiplikatoren dienen, müssen nicht einmal besonders zahlreich sein. Aber viele heute bekannte Marken können berichten, dass in ihrer Unternehmensgeschichte auch eine kleine Gruppe von Menschen notwendig war, die sich gut als Multiplikatoren geeignet hatten, um der Marke gerade den einen Millimeter nach vorne zu verhelfen, um genügend Rückenwind zu erhalten und nicht mehr aufgehalten werden zu können. Nicht zuletzt deshalb spricht man häufig auch von der kritischen Masse, die erreicht werden muss, damit eine Information oder Idee auch in die Wahrnehmung der breiten Öffentlichkeit gelangt.

Tipping point

Auch der Energy-Drink-Hersteller Red Bull hat von Anfang an auf dieses Konzept gesetzt. So hat Red Bull schon in den frühen Jahren, als die Marke noch nicht fest am Markt etabliert war, mit Extremsportlern zusammen gearbeitet und konnte genau dadurch seinen Wendepunkt erreichen. Denn neben dem Effekt, dass Extremsportler natürlich im Rampenlicht ihrer Fans stehen, die sie auf Schritt und Tritt verfolgen und natürlich auch beobachten, wenn ihre Idole zu einer Dose Red Bull greifen, konnte die Marke genau hier auch das gewünschte Image aufbauen, das Red Bull bis heute umgibt und so erfolgreich macht. Doch genau genommen, waren es anfangs wahrscheinlich nur einige wenige Extremsportler, die man an einer Hand abzählen konnte, aber sie waren eben ausreichend, um den Stein ins Rollen zu bringen.

Exponentielles Wachstum hat keinen Platz im menschlichen Kopf

Mit dem Erreichen des kritischen Punktes und dem nachfolgenden, sich immer schneller und breiter ausbreitenden Trend ist auch ein Phänomen eng verknüpft, das Federico Pistono in seinem Buch „Robots will steal your job but that´s ok"[ix] aufdeckt. Seiner Ansicht nach ist das menschliche Gehirn nicht dafür geschaffen, um die Folgen von exponentiellem Wachstum tatsächlich zu verstehen und nachzuvollziehen. Menschen können grundsätzlich lineares Wachstum annähernd verstehen, doch exponentielles Wachstum übersteigt die menschliche Vorstellungskraft zumeist.

Ein bekanntes Beispiel dafür, welche Folgen exponentielles Wachstum hat und auf das auch Pistono verweist, zeigt die Sage von Sissa ibn Dahir, der der Legende zufolge ein Schachspiel für den indischen Herrscher Shihram erfunden haben soll, um diesen zu unterhalten. Aus Freude über das Schachbrett gewährte dieser Sissa ibn Dahir einen Wunsch. Der Brahmane gab sich bescheiden und wünschte sich nur, dass der König die 64 Felder des Schachspiels 64 Tage lang eines nach dem anderen mit Reiskörnern belegen sollte, die er erhalten sollte. Aber so, dass sich die Zahl der Reiskörner von einem Feld auf das andere verdoppelte. Auf das erste Feld wurde somit nur ein einziges Reiskorn gelegt, auf das zweite Feld zwei Reiskörner, auf das dritte Feld vier und auf das vierte wiederum die doppelte Menge. Der König lachte und gewährte ihm den Wunsch, im Glauben, auf einen billigen Handel eingegangen zu sein. Doch schon nach wenigen Tagen stellte sich heraus, dass die Kornkammern des Reichs wohl bald leer sein würden. Denn wer nachrechnet, wird feststellen, dass sich auf dem letzten Feld bereits mehrere Trillionen Reiskörner befinden müssten. Auch König Shihram hatte das Konzept von exponentiellem Wachstum nicht verstanden.

Verdeutlicht wird das exponentielle Wachstum auch durch Beispiele des kolumbianischen Austauschs. Vor der Entdeckung Amerikas durch Kolumbus gab es zahlreiche Tiere und Pflanzen noch nicht in der Neuen Welt, die heute als alltäglich angesehen werden. Der Ursprung vieler heute in Amerika weit verbreiteten Tiere und Pflanzen lag jedoch in oft kleinen Anfangspopulationen, die aus Europa importiert wurden.

So ist etwa bekannt, dass Kolumbus bei seiner zweiten Überfahrt 1493 nur 8 Schweine in die Karibik mitnahm. 20 Jahre später wurden alleine auf Kuba bereits 30.000 Nachkommen gezählt und es müssten heute wohl Millionen Amerikaner auf ihre geliebten Barbecues verzichten, wenn niemals 8 Schweine die Neue Welt erreicht hätten.

Ebenso beeindruckend ist, dass die USA heute rund 5 Mio. Tonnen Äpfel jährlich exportieren. Vor Kolumbus gab es diese Frucht aber nicht in Amerika. Alles begann mit nur ein paar kleinen Setzlingen aus Europa.

Wer den kritischen Wendepunkt erreicht, muss sich auf exponentielles Wachstum und nicht auf lineares Wachstum einstellen!

Der Multiplier-Effekt

Wer den Multiplier-Effekt kennt, ist nie auf sich alleine gestellt. Im Multiplier-Effekt steckt die Basis für exponentielles Wachstum – ganz egal, ob es sich um ein Produkt, eine Marke oder aber um eine Idee oder ein Gesellschaftskonzept handelt. Wer versteht, wie dieser Effekt funktioniert, hat damit eine unaufhaltbare Methode gefunden, um jede Neuerung in Windeseile um die ganze Welt zu verbreiten.

Besonders anschaulich zeigt sich der Multiplier-Effekt beim viralen Marketing. Ob es durch Mundpropaganda ist oder durch Social-Media-Kanäle – eine gute Idee verbreitet sich rasch und vor allem – mit jedem Intervall eine Spur schneller. Ein Youtube-Video beispielsweise, das man einem Freund weiterschickt und diesem gefällt, wird von diesem beispielsweise schon an zwei weitere Freunde weiter versendet. Der Link zum Video wird von diesen beiden Freunden wiederum an drei weiteren Freunde versendet und mit diesen geteilt. Obwohl der Link also nur 3 Weiterleitungs-Phasen durchlaufen hat, wurden bereits 10 Personen erreicht, die von dem Video Kenntnis genommen haben. Mit jeder weiteren Weiterleitung kann sich die Anzahl der Zuschauer weiter erhöhen.

Trotz Internet, Neuer Medien und mobiler Kommunikationsgeräte gilt die Mundpropaganda immer noch als bestes Mittel, um eine Botschaft rasch und nachhaltig zu verbreiten. Denn nichts bleibt so sehr im Gedächtnis, wie wenn man eine Geschichte persönlich erzählt bekommen hat. Dazu muss die Geschichte nur besonders interessant genug sein. Ob es eine Idee ist, eine Geschichte aus dem Leben, die sich zugetragen hat oder aber auch die Empfehlung für das Café am

Eck, in dem der Latte Macchiato so gut schmeckt; Notwendig ist immer ein Initiator, der die Botschaft zum ersten Mal aus erster Hand mit jemanden teilt. Ist diese interessant genug, wird sie aber immer weiter getragen, anderen Freunden erzählt und mitunter auch vor der versammelten Kollegenschaft oder bei der Familienfeier kundgetan. Immer mehr Menschen erfahren davon, wollen mehr davon wissen, fragen nach und gehen schlussendlich in das besagte Café, um sich selbst vom Geschmack des Latte Macchiato zu überzeugen.

Liz Wiseman, Lois Allen und Elise Foster, die den The Multiplier Effect[x] in ihrem Buch genau beschreiben, zeigen aber auch auf, dass dieser sich auch in vielen anderen Lebensbereichen findet. So etwa auch in modernen Lernwelten. Früher wurde der Lehrer bzw. die Lehrerin allein als die Person in der Schule angesehen, die den Schülerinnen und Schülern Wissen vermitteln konnte. Vielfach werden heute bereits andere Konzepte angewendet, da man erkannt hat, dass sich Wissen beispielsweise einfacher und schneller verbreitet, wenn z.B. zunächst 5 Schülern das Wissen genau vermittelt wird und diese dann wiederum ihrerseits Gruppen mit jeweils 5 weiteren Schülern das Wissen vermitteln. Somit konnten in kürzester Zeit 30 Schüler erreicht werden. Diese 30 Schüler könnten ihr erworbenes Wissen theoretisch wiederum je 5 Schülern weitergeben, sodass in kürzester Zeit weitere 150 Schüler erreicht wurden. Geben diese ihr Wissen in gleicher Form weiter, können noch einmal 750 Schüler von dem Wissen profitieren, das anfangs nur von einem Lehrer an 5 Schüler weitergegeben wurde. Um den gleichen Effekt auf althergebrachte Weise zu erreichen, würde der Lehrer jedoch weitaus mehr Zeit benötigen.

Durch den Multiplier-Effekt lässt sich somit in weitaus kürzerer Zeit eine weitaus höhere Anzahl an Personen erreichen. Wer den Multiplier-Effekt nutzen möchte, muss die richtigen Personen als erste Multiplikatoren finden und dafür sorgen, dass die ersten Multiplikationen in Gang gesetzt werden.

In ihrem Buch, The Multiplier Effect, machen die drei Autorinnen zwei verschiedene Arten von Personen aus, die als Rollenmodell dienen können. Zum einen gibt es diejenigen, die stets als klügste und erfolgreichste Person im Raum wahrgenommen werden wollen. Ihr Einfluss zerstört jedoch in der Gruppe die Basis für gute Ideen, zehrt Energie auf und lässt Talenten und Fähigkeiten anderer keinen Raum, um sich zu entfalten. Zum anderen gibt es jedoch Menschen, die in einen Raum mit Personen gehen und in der Gruppe überall Feuer entzünden können. Sie nutzen ihr Wissen tatsächlich, um es anderen zu vermitteln, spornen Talente an und ermutigen andere, sich etwas zu trauen. Diese Menschen sind wahre Multiplier!

Sie wissen, dass sie weitaus mehr erreichen können, wenn sie Wissen auf diese Art weitergeben und Menschen darin bestärken, ihren Talenten, Interessen und Zielen nachzugehen. Es ist faszinierend, welche Potenziale Menschen in sich wecken und entfalten können, wenn sie die richtige, motivierende Umgebung erhalten. Wer diese Art der Motivation versteht, erkennt auch, dass damit weitaus schneller weit reichende Ergebnisse erreicht werden können, als wenn man sich weiterhin darauf beschränkt, nur sich selbst zu motivieren.

Wenn das Gute zum Feind des Besseren wird...

Wer Ziele erreichen möchte, sieht sich vielfach vor Mauern und Hürden gestellt, die es zu überwinden gilt. Doch es gibt auch viele anfangs positiv erscheinende Verlockungen, die einen vom Weg schnell abbringen können. Wer einen Traum verfolgt, sollte Folgendes wissen:

Das **Gute** ist der allerschlimmste Feind des **Besseren**!

Auf dem Weg zu unseren Zielen gibt es immer Teilerfolge. Manchmal aber kommen wir sogar vom Weg ab und erreichen andere Ziele, die wir eigentlich anfangs gar nicht eingeplant hatten. Ehe man es sich versieht, stellt sich ein Gefühl der Zufriedenheit ein.

Anstatt an der Weltmeisterschaft teilzunehmen, habe ich es ja immerhin in die Staatsmeisterschaft geschafft. Anstatt meines Traumhauses habe ich nun ja immerhin eine schöne Wohnung und statt der 20 Kilo konnte ich ja immerhin 10 Kilo abnehmen.

Das ist doch gut oder...?

Nun ja, aber wollten wir nicht eigentlich besser sein? Wollten wir nicht mehr erreichen?

Mit den ursprünglichen Zielen haben diese „guten" Erfolge meist nicht mehr viel zu tun. Das Gute ist der Feind des Besseren. Anstatt weiter an unseren Zielen zu arbeiten, lassen wir uns von diesen ablenken und steuern auf eine Situation zu, mit der wir uns eben zufrieden geben.

Achtung Ablenkung!

Speziell, wer sich in den unternehmerischen Bereich begibt und seinen Traum dort verfolgt, wird rasch feststellen, dass sich hier relativ rasch viele Türen öffnen. Man erhält Einladungen zu unterschiedlichen Veranstaltungen und Treffen, neue Kontakte können sich ergeben und vielleicht wird einem sogar das eine oder andere lukrativ klingende Geschäftsmodell vorgestellt, bei dem man besser jetzt als spät zugreifen sollte, um vom Trend zu profitieren.

Gerade die Aussicht auf schnelles Geld ist häufig ein Auslöser dafür, eine vermeintliche Abkürzung zu nehmen. Doch eine Abkürzung wohin? Was nützt der kürzeste Weg, wenn er nicht dorthin führt, wo wir eigentlich hin wollten?

„Du hast kaum Zeit für alles, was du im Leben willst. Also musst du Entscheidungen treffen. Und hoffentlich kommen diese Entscheidungen von deinem tiefen Sinn dafür, wer du selbst bist."

Fred Rogers

Outlier-Effekt

Mit seinen Beschreibungen über den Outlier-Effekt[xi] bestätigt der Autor Malcom Gladwell wiederum, dass selbst kleinste Unterschiede in der Umgebung riesige Folgen nach sich ziehen können. Dabei vergleicht er beispielsweise die Lernerfolge von Schülern an unterschiedlichen städtischen Schulen in den USA und kommt zu dem Ergebnis, dass Schülerinnen und Schüler an einigen Schulen deutlich erfolgreicher sind und mehr lernen als an anderen. Doch das liegt nicht an den Schülern und Schülerinnen selbst, die einfach besonders klug oder eben nicht zur Welt gekommen sind, sondern an dem sozialen Umfeld, in dem sie an ihren jeweiligen Schulen lernen. Er geht davon aus, dass die unterschiedlichen Schulumgebungen dazu führen, dass die Schülerinnen und Schüler mehr oder weniger Zeit in der Schule verbringen und sich dadurch auch entsprechend mehr oder weniger Wissen aneignen.

Ebenso lässt sich dieses soziale Phänomen auch an den Lebensumständen von Spitzensportlern, herausragenden Unternehmern oder auch Musikern erkennen. Betrachtet man das Umfeld, in dem sie aufgewachsen sind, lässt sich schnell feststellen, dass es auch in ihrer Familie häufig bereits Sportler, Unternehmer oder Musiker gab, die sie beeinflusst und wahrscheinlich auch gefördert haben. Sie haben ihre Interessen und Talente sprichwörtlich bereits in den Genen. Das bedeutet nicht, dass nicht auch andere Menschen zu solch herausragenden Leistungen fähig wären, aber wer ein solches Umfeld hat, hat optimale Voraussetzungen.

Genauso wird jeder von seinem Umfeld, in dem er aufwächst und lebt, stark geprägt. Vor allem unsere Eltern geben uns einiges mit, doch viele Prägungen holen wir uns auch von Freunden, anderen

Verwandten und auch Mentoren, die uns vielleicht nur in einem kurzen Augenblick unseres Lebens begegnen, aber exakt die richtigen Worte spenden, um uns auf den richtigen Weg zu bringen und uns in unserem Selbstbewusstsein, den eigenen Traum zu verfolgen, bestärken. So kann es sein, dass es nur die Worte eines Verwandten sind, sei es der Onkel oder auch die Cousine, die der Meinung ist, wir hätten die idealen Voraussetzungen für unseren Traum und uns immer wieder dazu anspornen und uns inspirieren, unser Ziel nicht aus dem Blick zu lassen.

Ob wir wollen oder nicht, jeder bekommt von seinem Umfeld über die Jahre bestimmte Prägungen, Neigungen und Talente mit. Selbst Menschen, von denen man eigentlich annehmen sollte, dass sie in einem nicht gerade förderlichen Umfeld aufgewachsen sind, hatten in ihrem Leben das eine oder andere Schlüsselerlebnis oder die eine oder andere Schlüsselperson, die genau im richtigen Moment die richtigen Worte gesagt hat oder auf andere Art und Weise inspiriert hat und die damit, bewusst oder unbewusst, eine wesentliche Weichenstellung vorgenommen hat. Es müssen nicht einmal Verwandte oder Freunde sein. Vielleicht war es ein Fremder, mit dem wir ins Gespräch gekommen sind und der eine bestimmte Sache erklärt, uns inspiriert oder unseren Horizont um eine Facette erweitert hat, die sich noch als folgenreich für das weitere Leben herausstellen soll.

Unser Umfeld kann somit äußerst wichtig dafür sein, welchen Traum wir leben und welche Ressourcen wir zur Verfügung haben, um diesen in die Realität umzusetzen. Daher ist es einerseits besonders wichtig, auf unser Umfeld zu achten und öfter die Kontakte zu suchen, die positiv für uns sind. Vielfach hat es sich auch bereits als erfolgreich herausgestellt, einfach einmal das Umfeld zu wechseln, um neue Einflüsse und Inspiration zu erhalten.

Metamorphose

Um einen Traum zu erfüllen, ist es oft notwendig, sich selbst zu verändern, über Hürden zu springen, Herausforderungen anzunehmen und Dinge zu tun, die andere nicht tun. Wer sich einen Traum erfüllen will, muss bereit sein, eine Metamorphose, eine Veränderung zu durchlaufen, wie es die Raupe auf ihrem Weg zum Schmetterling tut.

Für diese Verwandlung sind viele Puzzlesteine notwendig. Wenn auch nur einer der richtigen Bausteine fehlt, kann der Traum nie in Erfüllung gehen!

Metamorphosen finden täglich überall in der Welt statt. In der Natur, der Wirtschaft, in Städten, in einem Kokon, im Wasser oder in der Medizin.

- Eine braune Kuh braucht grünes Gras, um es in rotes, zartes Fleisch umzusetzen. Fehlt dieses, ist auch die Metamorphose nicht vollständig möglich und das Ergebnis ist ein anderes.

- Wer einen Kuchen backen will, braucht dazu alle Zutaten, muss diese zu einem Teig verrühren und in den Ofen geben. Ohne diese Veränderung der ursprünglichen Form der Zutaten und den Backvorgang kann aus den Zutaten niemals ein Kuchen werden.

- Wer an einem Marathon teilnehmen will, muss sich vorher verändern und trainieren, sich mental und körperlich darauf einstellen.

- Wer einen Film machen will, muss vorher lernen, wie man eine Videokamera bedient.

- Wer immer Schüler war und nach der Schule einen Job bekommen möchte, muss sein Verhalten ändern, um zum Mitarbeiter werden zu können, da im Unternehmen andere Verhaltensregeln und Qualifikationen gefragt sind als in der Schule.

- Wer erfolgreiche Vorträge halten möchte, muss lernen, worauf es bei der Selbstpräsentation ankommt und das Sprechen vor anderen Menschen üben.

Es kommt immer darauf an, andere Dinge zu tun, um andere Ergebnisse zu erreichen. Wer immer das Gleiche tut, wird auch die gleichen Ergebnisse erzielen.

Wer anderes erschaffen will, muss andere Dinge tun.

Metamorphosis contra Agere

Veränderung durch Gegenteiliges

Wer Veränderung will, muss nicht nur anders, sondern sogar oft gegenteilig agieren. Wer gegenteilig als bisher agiert, wird anderes bekommen.

Wer immer das tut, was für ihn normal war und damit keinen Erfolg hatte, wird auch weiterhin damit keinen Erfolg haben. Nur wer gegen sein normales Handeln und gegen sein normales Denken agiert, der kann dadurch andere Wege gehen und erfolgreich sein.

Wer seine Träume leben will, muss eine gänzlich positive Denkweise gewinnen. In unserer „modernen" Gesellschaft werden wir häufig auf eine eher negative Denkweise hin erzogen. Vieles geschieht unter Druck, Anspannung und aus Ängsten heraus. Um einen Traum zu verfolgen, ist es aber notwendig, sich zu öffnen und positive Motivationen zu finden. Aus Angst muss Selbstbewusstsein werden. Selbstbewusstes Auftreten für die eigenen Ideale und Ziele alleine öffnet häufig bereits viele Türen. Anstatt sich selbst in psychisch schmerzvolle Situationen zu begeben, ist es doch einfacher und besser, den Dingen nachzugehen, die einem Vergnügen bereiten. Oder nicht?

Also! Der erste Schritt zur Veränderung, zur Metamorphose, besteht darin, sich genau zu fragen, worin die Motivation für Aktionen, Maßnahmen und Vorgehen im eigenen Leben besteht. Sind diese negativ geprägt, sollen sie ins Positive umgedreht werden. Das ist leichter, als man denkt! Denn auch ein Esel zieht den Wagen lieber und besser, wenn er eine Karotte vor die Nase gehalten bekommt als wenn er mit einem Stock geschlagen wird.

„In mir steckt die Macht, jeden Moment zu verändern…
… zu jeder Zeit!"

Raja Öllinger-Guptara

Der Moment, der alles verändert

Auf jedem Bauernhof gibt es irgendwo einen Heustadl oder einen Heuboden, wo Stroh gelagert wird. Üblicherweise werden an diese Räume keine hohen architektonischen Ansprüche gestellt und so kommt es, dass es in den Dielen und Wänden viele undichte Stellen und Schlitze gibt, durch die das Sonnenlicht täglich in schmalen Strahlen wunderschön herein scheinen kann. Jahre und Jahrzehnte lang trägt sich Tag für Tag das gleiche Schauspiel zu. Sonnenlicht dringt durch die Spalte im Holz, fällt auf das Stroh herab und taucht den Heuboden in eine wundersam anmutende Stimmung. Jahre und Jahrzehnte lang.

Doch diese scheinbar so konstant bleibende Situation lässt sich rasch ändern. Fange ich einen einfallenden Lichtstrahl mit einer Lupe ein, wird das Licht gebündelt und fällt nun verstärkt auf das Stroh. Was passiert? Das Stroh erhitzt sich, es entsteht Rauch und schnell Feuer und der ganze Heustadl oder vielleicht der gesamte Bauernhof mitsamt der Nachbarschaft brennt bis auf die Grundmauern nieder.

Der Effekt, der in diesem Beispiel eine sehr zerstörerische Wirkung hat, lässt sich natürlich auch in andere Richtungen umlenken.

Jeder hat die Macht, jeden Moment zu ändern. Zu jeder Zeit!
Umso stärker einem bewusst ist, dass man die Macht besitzt, jeden Moment zu jeder Zeit zu verändern und damit die Zukunft sofort zu beeinflussen, umso besser lässt sich diese Möglichkeit auch nutzen.

Auch der New Yorker Bauarbeiter Wesley Autrey[xii] dürfte sich dieser Entscheidungsmacht bewusst gewesen sein, als er im Januar 2007 mit seinen beiden Töchtern nichtsahnend in der Subway-Station der

137. Straße, Ecke Broadway in Manhattan auf die U-Bahn wartete und bemerkte, wie ein Mann in der Station kollabierte, stolperte und auf die Gleise fiel. Autrey zögerte nicht lange und sprang ihm auf die Gleise nach. Die Lichter des einfahrenden U-Bahn-Zuges waren bereits zu erkennen, als Autrey den Mann in eine kaum mehr als 30 cm breite Einbuchtung unter dem Bahnsteg zog und ihm damit das Leben rettete.

Als einziger der Anwesenden hatte Wesley Autrey erkannt, dass er diesen Moment nun ändern konnte und er wollte es auch und hat es daher gemacht!

„Ich habe die Macht, jeden Moment zu ändern. Jederzeit!"

Die Folgen dieses Satzes sind enorm!

Wer den ernsthaften Glauben hat, dass er diesen Moment ändern kann, der hat es schon geschafft.

Niemand ist dazu verurteilt, nichts verändern zu können. Jeder hat die Macht, jeden Moment zu verändern! Und mit dem Moment verändern wir nicht nur die Gegenwart, sondern auch die Zukunft. Wenn dieses Bewusstsein nur eine Person auf dieser Welt erreicht und diese begreift, dass sie jeden Moment ändern kann, ist schon viel erreicht. Denn daraus wird ein Butterfly-Effekt entstehen! Von diesem Satz hängt alles ab.

„Man kann einem Menschen alles nehmen mit einer Ausnahme; Die Freiheit des Menschen, seine Haltung in jeder Situation selbst zu wählen."

Victor Frankl

Der Wiener Psychiater und Neurologe Victor Frankl war während des 2. Weltkrieges mehrere Jahre in Konzentrationslagern gefangen. Er beobachtete während seiner Inhaftierung Mitgefangene oder war womöglich selbst einer derer, die trotz ihrer schwierigen Lage anderen Insassen halfen, sie trösteten oder ihnen auch Essen überließen. Später sollte er den oben stehenden Satz prägen. Frankl hatte somit erkannt, dass man einem Menschen die Entscheidungsfreiheit selbst in der Gefangenschaft nicht nehmen kann, wo man es am ehesten vermuten würde. Welche Möglichkeiten haben dann erst Menschen, die in Freiheit leben?

Wenn die Aktivität das Passive verdrängt

Dass es diesen Effekt gibt und jeder Mensch zu jeder Zeit die Möglichkeit hat, jeden Moment und damit auch seine Zukunft und die Zukunft anderer zu verändern, zeigt sich auch in einfachen Lebenssituationen.

Viele Kaffeehäuser und Bars auf der ganzen Welt leben mitunter sehr gut von einer speziellen Schicht an Gästen, die ihre Perspektiven im Leben bereits lange an den Nagel gehängt haben. Mit Sicherheit haben Langzeitarbeitslose ein schweres Los. Aber nur dann, wenn sie ihre Situation nicht als Neuanfang betrachten, sondern in alten Verhaltensmustern verhaftet bleiben.

Diese Verhaltensmuster sind oft sehr eintönig. Viele fragen sich, was bleibt mir denn schon übrig? Sie verbringen wertvolle Stunden und Tage damit, in Kaffeehäusern zu sitzen und ein Bier nach dem anderen zu trinken, um die Zeit zu vertreiben. Andere wiederum sind schon an einem anderen Punkt angekommen und hegen Selbstmordgedanken, da sie keinen Sinn mehr im Leben finden. Oder sie überlegen, etwa eine Bank oder andere Menschen zu überfallen und auszurauben. Es passiert tausende Male jeden Tag auf der ganzen Welt!

Dabei müssten sie nur eine Wahrheit dieser Welt erkennen:
„Ich kann jeden Moment verändern – zu jeder Zeit!"

Es liegt nicht an anderen, an der Branche, der Wirtschaft oder dem Wohlfahrtsstaat, was wir mit unserem Leben machen. Es liegt alleine an uns! Jeder hat es in der Hand, den Moment zu ändern und etwas anderes zu tun, als er bisher immer getan hat. Dieser Satz kann gar nicht oft genug wiederholt werden, da er so wichtig ist! Veränderung ist der zweite Schritt.

Ein Bauarbeiter etwa, der wegen einer Krise in der Baubranche seinen Job verloren hat und über lange Zeit auch keinen Job mehr findet, kann entweder monatelang darüber klagen und seine Zeit im Kaffeehaus mit dem Durchblättern von Zeitungen verbringen oder er kann sich sagen, „ich ändere das jetzt" und eine Veränderung anstreben.

Die meisten Menschen sind in ihrem Muster gefangen, da es auch etwas mit ihrer Identität zu tun hat. „Ich war immer Bauarbeiter, ich bin Bauarbeiter und ich werde immer Bauarbeiter bleiben." Glaubensmuster wie diese haben sich fest verankert
Gibt es Alternativen?

Ja, die gibt es, wenn man sie zulässt! Doch keiner denkt daran, dass er sich dazu auch umwandeln muss und eine Metamorphose durchführen muss. Wollte ich nicht eigentlich immer schon Maler werden oder Dichter oder Kindern helfen? Gibt es nicht tausende Dinge, die in mir brennen und die ich machen möchte? Ein Karriereknick eignet sich wohl kaum besser als irgendetwas anderes für einen solchen Neuanfang!

Es geht darum, von der Passivität zu Aktivität zu gelangen. Wer diese kleine Erkenntnis hat, der wird überrascht sein, wie schnell er sich verändern kann. Wer in der Passivität lebt, bleibt auch in dieser Gedankenwelt gefangen. Und diese Gedanken haben eine unheimliche Macht. Die Erkenntnis, dass man selbst die Entscheidungsmacht zu jeder Zeit hat, entscheidet über Licht und Schatten, über Tag und Nacht, über Tod und Leben!

Jemand, der arbeitslos ist, kann entweder im Kaffeehaus sitzen und sich sagen, ich trinke weiter oder aber sofort den Kellner fragen, ob vielleicht eine Küchenaushilfe gesucht wird. Vielleicht wird er beim ersten Mal eine Absage bekommen, aber es ist eine Aktion. Und keine Aktion bleibt ohne Reaktion. Wichtig ist es, zur Metamorphose, zur Veränderung bereit zu sein.

Ein Wandel im Kopf

Wer immer als Arbeiter gedacht hat und damit nicht sein Glück gefunden hat, muss eben den Wandel versuchen und sich sagen, ich versuche es erst einmal als Helfer in der Landwirtschaft, denn mit Tieren konnte ich schon immer gut. Oder als Aushilfe in der Gastronomie, als Künstler, Wandersänger, Frisör oder, oder, oder.

Dies sollen nur einige einfache Beispiele dafür sein, wie jeder es in der Hand hat, in jedem Moment sein Leben sofort zu ändern. Das Schlimmste ist es, in gewohnten Denkmustern zu verharren, die sich in der Vergangenheit schon als nicht erfolgreich erwiesen haben. Warum sollten diese Denkmuster auf einmal dabei hilfreich sein, erfolgreich zu sein?

Der Rentenschock

100.000e und wahrscheinlich Millionen von Rentnerinnen und Rentnern auf der ganzen Welt sind nur wegen dieser gewohnten Denkmuster zutiefst frustriert. Und das nur, weil sie nicht aus eben diesen gewohnten Denkmustern flüchten können oder besser gesagt, es nicht aufrichtig wollen. Sie denken, ich war immer Beamter oder Angestellter und jetzt bin ich Pensionist und kann nichts anderes machen als vor dem Fernseher zu sitzen und auf das Mittagessen zu warten.

Sie denken in diesem Moment gar nicht daran, wie viele Möglichkeiten sie haben. Die Rente ist nicht das Ende des aktiven Lebens. Genau genommen ist die Rente eine rein menschliche Erfindung, die die wirtschaftliche und gesellschaftliche Entwicklung der letzten 100 Jahre in den Industrieländern mit sich gebracht hat. In keinem Gesetz der Welt steht, wie sich Rentner zu verhalten haben und schon gar nicht, dass sie möglichst passiv sein sollen. Doch der Großteil der Menschen in Rente glaubt genau das.

Wer jedoch denkt, ich kann diesen Moment jetzt ändern und damit mein Leben, der hat vielleicht den wichtigsten Aspekt in seinem Leben erkannt und kann andere Denkansätze zulassen und damit ein aktives Leben zulassen. Und selbst, wenn es kleine Dinge sind. Ich kann Kindern dabei helfen, sicher über die Straße zu gehen. Ich kann im Kindergarten helfen und Geschichten vorlesen. Ich will Leuten als Gärtner helfen, weil die meisten Leute in der Stadt keine Ahnung von Gartenarbeit haben, aber ich 20 Jahre lang Hobbygärtner war.

Ich kann in Schulen gehen und in der Geografiestunde lebendig von meinen Australien-Reisen erzählen oder mir irgendetwas anderes ausdenken und etwas tun, bei dem ich mich gut fühle.

Muskeltraining

Eine weitere Situation, an der sich sehen lässt, wie simpel das Prinzip ist, die Entscheidungsmacht sofort zu nutzen, lässt sich etwa im Fitnesscenter sehen. Gerade dort kommen viele Menschen sehr schnell ins Flow-Denken. Sie machen ihr 30-minütiges Training mit den gewohnten vier Geräten eines nach dem anderen. Aber nicht jeder denkt dabei daran, dass man auf diese Weise immer nur dieselben vier Muskelpartien trainiert. Denn man ist im Automatikdenken gelandet. Der Körper besteht aber nicht nur aus vier Muskeln. Man muss auch die anderen Muskelpartien trainieren.

Auch hier kann die Metamorphose sehr leicht angewendet werden. Nein, heute ist Dienstag und daher mache ich nicht diese vier Geräte, sondern gehe absichtlich zu den anderen Geräten, mit denen ich ansonsten nie trainiere, um auch die anderen Muskeln zu stärken. Es ist die einfachste Sache, aber wer es tatsächlich anwendet, kann es überall einsetzen, um Änderungen zu schaffen.

Wer nur in seinem Beruf etwa ein bisschen etwas anderes macht, kann dadurch deutlich mehr Erfolg haben oder effizienter arbeiten. Raus aus dem automatischen Denken!

Weitere Übungen, um das Bewusstsein für die Entscheidungsmacht zu schärfen

- Bei jeder Kreuzung habe ich die Möglichkeit links, geradeaus oder rechts und sogar zurück zu gehen.
- Im Supermarkt kann ich Bio oder Chemie, die Papiertüte oder Plastik kaufen.
- Ich kann missmutig in die Arbeit gehen oder gleich am Morgen ein Lächeln aufsetzen.
- Ich kann die Mittagspause wie immer verbringen oder einmal rausgehen.
- Bei der Jobsuche kann ich wahllos Bewerbungen schreiben oder meine ganze Energie auf den einen Job verwenden, den ich unbedingt möchte.
- Im Alltag kann ich meine Alltagsschuhe anziehen oder auch einmal die Sonntagsschuhe.
- Ich kann den Blick auf der Straße senken oder alle anderen Passanten, die Verkäuferin im Supermarkt und den Busfahrer freundlich anlächeln.
- Bei Veranstaltungen in meiner Stadt oder anderswo kann ich sagen, ich gehöre da eigentlich nicht dazu oder aber doch hingehen.
- Ich kann Fernsehen oder raus gehen oder ein Bild malen oder ein Lied schreiben, ein Buch lesen oder, oder, oder.
- Ich kann dieselbe Tageszeitung oder die gleiche Zeitung im Internet lesen wie immer oder mir einmal ganz andere Informationen von einem Magazin oder einem Blog holen, das ich noch nie gelesen habe.
- Ich kann immer Kaffee am Morgen trinken, obwohl ich Herzrasen bekomme oder ich kann auch einmal einen Tee trinken.
- Ich kann das Fertigessen wie immer aufwärmen oder einmal versuchen, selbst zu kochen.
- Meinem Chef kann ich lieber aus dem Weg gehen oder ihm freundlich für den guten Ratschlag letztens danken.

- Über die Meinung eines Freundes zu einer bestimmten Sache kann ich mich ärgern oder ich kann einfach versuchen zu verstehen, warum er dieser Meinung ist und sie akzeptieren.
- Anstatt mit dem Auto zur Arbeit zu fahren, kann ich das Rad oder den Bus nehmen.
- Obwohl das Wochenende fast vorbei ist, kann ich noch einen Tagesausflug machen oder ins Museum gehen.
- Ich kann einen Touristen, der offensichtlich nach dem richtigen Weg sucht, ignorieren oder auf ihn zugehen und fragen, ob ich ihm helfen kann.

Es ist immer, **in jedem Moment**, meine Entscheidung, was ich tue und wie ich den Moment gestalten will! Es gibt unzählige weitere solcher kleinen Beispiele, mit denen man im Alltag üben kann, wie es sich anfühlt, einmal etwas anderes zu machen und neue Entscheidungen zu treffen, die Auswirkungen haben werden. Am besten ist es, man sucht an sich selbst Dinge, mit denen man eigentlich nicht zufrieden ist und versucht, einfach einmal etwas anders zu machen als sonst immer. Man wird überrascht sein, welche Auswirkungen das sofort und auch langfristig haben kann.

„Nichts zeugt mehr von Dummheit, als immer wieder die gleichen Dinge zu machen und andere Ergebnisse zu erwarten"

Albert Einstein

30 Sekunden, die alles entscheiden!

Vortragende, Trainer und Geschäftsleute wissen, dass der erste Eindruck ganz entscheidend   ist und über Erfolg oder Misserfolg entscheiden kann. Schon in diesen ersten Minuten, manche Experten meinen sogar, es sind nur 30 Sekunden, machen wir uns ein Bild von unserem Gegenüber und versuchen, wenn auch unterbewusst, diesen einzuschätzen und einzuordnen - diese erste Einordnung bleibt häufig lang in unseren Köpfen bestehen – ganz egal, ob sie richtig ist oder nicht.

Ob es ein Vorstellungsgespräch ist, ein neuer Kunde begrüßt wird, der neue Hausarzt zum ersten Mal konsultiert wird oder wir nur beiläufig mit einem Passanten ins Gespräch kommen. Der erste Eindruck zählt immer!

Dass wir innerhalb von Sekunden einen Menschen beurteilen, machen wir nicht etwa aus Unhöflichkeit oder einem Mangel an ehrlichem Interesse an unserem Gegenüber, sondern es hat durchaus praktische Gründe. Der Autor Malcolm Gladwell beschreibt in seinem Buch „Blink"[xiii], dass wir denken, ohne zu denken, weil uns oft gar nicht genug Zeit zum Denken bleibt. Wenn wir dazu gezwungen sind, eine Situation innerhalb von wenigen Sekunden zu beurteilen, spielen unsere Erfahrungen, unsere Glaubenssätze und Werte eine große Rolle.

Nur allzu häufig hängen von dieser unterbewussten Einschätzung, die innerhalb weniger Momente automatisch getroffen wird, wichtige Entscheidungen ab. Wem aber bewusst ist, dass alle Menschen ihre

Situationen auf diese Art und Weise beurteilen und abspeichern, der kann diesen Umstand auch nutzen.

Den Moment kontrollieren!

In der Macht der unterbewussten Vorverurteilung von Menschen oder Situationen steckt die Gefahr, die falschen Entscheidungen auf dieser Grundlage zu treffen. Hätten wir alle relevanten Informationen zu einer Situation, würde unsere Entscheidung womöglich gänzlich anders ausfallen.

Falsche Entscheidungen zu treffen, kann auf dem Weg zu Zielen natürlich hinderlich sein. Eine gute Möglichkeit, die auf Gefühlen und Erfahrungen basierte Beurteilung und damit auch falsche Entscheidungen zu vermeiden, besteht darin, sich jederzeit darüber bewusst zu sein. Speziell in Situationen, in denen wir schnell handeln müssen oder nur kurz Zeit haben, um uns zu entscheiden, sollten wir uns in Erinnerung rufen, dass viele unserer Beurteilungen unterbewusst geschehen und wir womöglich nicht alle notwendigen Informationen besitzen. Um den Moment zu kontrollieren, sollten wir, wenn möglich, daher auch noch so viele Informationen wie nötig einholen. Fällt die Entscheidung immer noch schwer, kann aber das Bauchgefühl dennoch oft das Züngelchen an der Waage sein.

„Die Herrschaft über den Augenblick ist die Herrschaft über das Leben"

Marie Freifrau von Ebner-Eschenbach (1830–1916), Austrian storyteller and novelist

So tun als ob!

Wenn das Umdenken im Kopf einmal stattgefunden hat und man das Selbstbewusstsein für den eigenen Traum gefunden hat, kommt der nächste, noch wichtigere Schritt.

So tun als ob!

Es genügt nicht nur, anders zu denken. Es ist wichtig, auch anders zu agieren – ja anders zu sein!

Wer hindert einen Träumer daran, so zu tun, als wären bereits alle Ziele erreicht? Was hindert jemanden daran, der Pilot sein möchte, sich eine Pilotenuniform zu kaufen oder auszuleihen, einen Tag darin auf einem Flughafen herum zu spazieren und sich damit vor einem Flugzeug oder gar im Cockpit fotografieren zu lassen? Ein solches Foto sollte dann unbedingt am Badezimmerspiegel kleben oder an einer anderen Stelle befestigt werden, wo man immer wieder daran erinnert wird!

Das Tun als ob hilft uns, nicht nur das eigene Denken zu verändern, sondern uns richtig in unsere Traumsituation hinein zu fühlen. Bevor jemand Pilot sein kann, muss er vorher schon glauben, dass er Pilot ist. *Sobald es mich als Pilot gibt, werde ich selber glauben, dass ich ein Pilot bin.*

Die Philosophie des Als-Ob wurde bereits im 19. und 20. Jahrhundert von dem deutschen Philosophen Hans Vaihinger, aufbauend auf Theorien von Kant, entwickelt und formuliert. Eine Philosophie und Persönlichkeitstechnik, die auch viele der weltbesten Schauspieler kennen dürften. Denn ein guter Hollywood-Schauspieler versetzt sich schon lange vor Beginn der Dreharbeiten in seine Rolle. 24 Stunden am Tag. Er versucht, die jeweilige Person zu sein und sie nicht nur zu spielen. Mit allen Ecken und Kanten. Und auch während der Dreharbeiten bleibt der Schauspieler immer in seiner Rolle und in dieser Person.

So zu tun als ob ist einer der wichtigsten Faktoren zur Traumrealisierung!

Am besten ist es, gleich damit anzufangen!

Und wieder ein Niemand in Österreich

„Es war so weit. Nach erfolgreichen Jahren in Amerika würde sich mein Lebensmittelpunkt einmal mehr nach Europa verlagern. Ich hatte festgestellt, dass Berta sich ein Leben in den USA nicht vorstellen konnte. Ich hatte inzwischen eine Karriere erreicht, wie ich sie mir erträumt hatte. Als ich nach Österreich zurückkehrte, konnte ich aber darauf nicht aufbauen. Die Gegend, in der Berta aufwuchs, war sehr landwirtschaftlich geprägt. Ich war über 50 Jahre alt. Wer sollte mir hier einen Job geben? Selbst die, die mir einen Job geben wollten, konnten nicht. Denn ich hatte keine Erfahrung in der Landwirtschaft. Und wieder einmal lag vor mir die Chance, mich neu zu erfinden. Berta hatte von ihren Eltern einen Bauernhof übernommen. So sah ich die Chance darin, der wohl erste indischstämmige Landwirt in Österreich zu werden. Ich musste mir alles selbst beibringen und machte gewiss viele Fehler. Einen Traktor zu fahren, die Ernte einzubringen und die Felder zu bewirtschaften war sicherlich nicht einfach, aber nur wer eine Sache beginnt, kann lernen und Erfolg ernten, dachte ich mir.

Nach und nach lernte ich, was notwendig war, um als Landwirt erfolgreich zu sein. Wie man Felder bestellt, einen Traktor fährt und wie man die Ernte einlagert. Irgendwann wurde mir klar, dass auch die Landwirtschaft alleine mich noch nicht genug erfüllen würde. Unsere Familie lebte selbst nur in einem kleinen Teil des Vierkant-Bauernhofes inmitten unserer Felder. Daneben waren viele ehemalige Stallflächen und Arbeiterquartiere, die leer standen. Wertvolles Potenzial, dachte ich mir. Bevor ich Langeweile einkehren ließ, entschied ich mich dazu, meine Erfahrungen aus dem Hotelleriebereich wieder aufleben zu lassen und Ferienwohnungen darin einzurichten. Auch diesem Vorhaben ging eine traumhafte Vision von den heutigen „Geinberg

Suites" voraus. Ein lebendiger Ort, wo Menschen aus der ganzen Welt übernachten und leben können und wo auch Veranstaltungen stattfinden sollten. Hier wollte ich ebenso auch indische Einflüsse meiner alten Heimat einfließen lassen. Ohne diese Vision wäre es wohl nicht möglich gewesen, all die Dinge wieder neu zu erlernen, die es braucht, um die Räumlichkeiten zu sanieren und neu einzurichten. Aber auch ohne den Willen, es tatsächlich zu beginnen wäre es nicht möglich gewesen, die Vision umzusetzen. Auch hier habe ich wieder viele Fehler gemacht, aber auch daraus gelernt. Heute können die „Geinberg Suites", die ich zu großen Teilen mit eigenen Händen geschaffen habe, als orientalische Oase inmitten der traditionellen, oberösterreichischen Voralpenlandschaft bewundert werden.

Obwohl ich bei meiner Rückkehr nach Österreich vielleicht schlechte Voraussetzungen hatte, eine ungewisse Zukunft vor mir lag und ich nicht wusste, womit ich mein Geld verdienen sollte, habe ich versucht, alles einfach aus einer anderen Perspektive zu sehen und meine verbliebenen Chancen zu nutzen!"

HHH statt „burning your tyres"

Vom Kopf ins Herz und in die Hände. Dieses Prinzip verdient besondere Beachtung und sollte immer präsent sein. Es gibt tatsächlich Menschen, die in kürzester Zeit Ergebnisse schaffen können. Doch das bringt nicht zwangsläufig auch langfristig den gewünschten Erfolg. Denn sie denken nur an die Zahlen und haben das Konzept in ihrem Kopf ausgedacht und mit ihren Händen umgesetzt. Doch dabei haben sie den wichtigsten Zwischenschritt übersprungen – nämlich das Herz.

Wer auf sein eigenes Herz vergisst und ein Projekt beginnt, obwohl es kein wirkliches Herzensprojekt ist, der kann sich noch so anstrengen, alle Termine wahrnehmen und Listen abhaken wie er möchte, das ersehnte Ziel kann nicht in der gewünschten Form erreicht werden oder schlimmer noch, das Erreichen des Ziels geht zu Lasten der Gesundheit oder auch der Beziehung. Die Amerikaner nennen das auch „burning your tyres". Man erkennt, dass auch das Wort „Burn-out" hier nicht mehr fern liegt.

Ein Traum muss aus dem Herz heraus gewollt und realisiert werden. Zwar entsteht die Idee im Kopf und wird mit Händen umgesetzt, aber das Herz ist immer die tragende Kraft, die zu Leichtigkeit, Mut und Engagement verhilft.

Woher weiß man, ob das Herz mit dabei ist?

Man spürt es. Genauer gesagt, ist es häufig sogar eher ein Bauchgefühl, auf das man hören sollte. Wenn man diesem genau zuhört, dann weiß man, ob ein Unterfangen tatsächlich der Weg zu den eigenen Zielen ist oder aber eigentlich ein Umweg oder sogar eine Sackgasse.

Vorsicht vor Gelegenheiten!

Auf dem Weg zu unseren Zielen werden uns immer wieder auch vermeintliche Chancen und Gelegenheiten angeboten, die am Rande womöglich sogar mit unseren Träumen zu tun haben könnten und sich daher verlockend anhören. Wie bereits erwähnt, öffnen sich viele Türen und Tore, wenn wir nur in die Richtung unserer Träume gehen. Wir begegnen Menschen, die uns helfen wollen und erhalten vielleicht Einladungen, bei denen wir noch nicht genau wissen, was herauskommen könnte.

Wer sich verändern will, muss andere Dinge tun. Dennoch gilt es immer, aufzupassen, welche Termine man wahrnimmt und wo man sich engagiert. Denn auf dem Weg zu unseren Zielen warten auch zahlreiche Ablenkungen und vermeintliche Gelegenheiten. Auch diese verlangen Energie von uns ab! Außerdem können sie uns vom Weg abbringen.

Nicht zum ersten Mal haben sich beispielsweise junge Firmengründer über die vielen neuen Kontakte und Einladungen zu angesagten Veranstaltungen gefreut, die ihnen ihr Geschäft eröffnet hat, wobei sie aber fast übersehen haben, dass sie ihr eigentliches Geschäft oder gar ihr Ziel und ihren Traum vernachlässigt haben, da sie zu viel Energie in das Wahrnehmen der Termine gesteckt haben.

Die Herausforderung besteht darin, dass wir in einer Welt leben, wo viele Menschen unter einem Druck leben, aber auch von Gier getrieben sind oder der Angst, Chancen zu verpassen. Jeder will schnell zugreifen (direkt mit den Händen). Er setzt sich ins Auto, nimmt Termine wahr, klappert Banken ab, um einen Kredit für sein Projekt zu bekommen.

Erst dann stellt er fest, dass er das Geld ohnehin nicht bekommen hat, da die Bank nicht von ihm überzeugt war. Hier kommt der erste Schock, dass es nicht funktioniert mit dem Kredit. Er fällt auf die Nase und wird frustriert (der Glaube an sich selbst sinkt).

Hätte er den Zwischenschritt gemacht und das Wissen und den Glauben gehabt, dass seine Schritte Erfolg haben werden, seine Schritte nicht ohne Effekt sein können, dann wäre es anders ausgegangen. Es ist ein physikalisches Gesetz.

Welche Aktionen sind die Richtigen für mich?

Um diese Frage zu beantworten, besteht der wichtigste Schritt darin, sich zurückzuziehen und das Herz richtig zu positionieren! Die meisten Träumer positionieren sich nicht richtig, um dann später zweifelsfrei entscheiden zu können, wo das Herz Ja und wo es Nein sagt.

Man muss sich Zeit lassen, Wurzeln wachsen lassen, sich richtig positionieren und dann den richtigen Glauben haben. Glaube an die Sache, Glaube an den Traum, Glaube an den Hebeleffekt, Glaube an den Butterfly-Effekt. Nur mit dieser Herzenspositionierung und dem Glauben weiß der Träumer, dass er kommende Absagen und Hürden durchbrechen kann.

Will ich den Traum eines anderen leben?

Viele Aktionen und Ablenkungen klingen zwar gut. Mitunter wird uns ein einfacherer, schnellerer Weg gezeigt. Vielleicht wird in Aussicht gestellt, schnell gutes Geld verdienen zu können oder gar berühmt zu werden. Doch gerade hier ist es wichtig, beim eigenen Glauben und beim eigenen Traum zu bleiben und auf das eigene Herz zu hören.

Für jeden ist ein eigener Traum gemacht worden. Schnell können wir in Situationen kommen, mit denen wir eigentlich den Traum eines anderen verfolgen oder leben. Dieser Traum ist aber nicht für uns gemacht und daher wird er uns auch nicht glücklich machen, egal wie erfolgreich wir darin sind.

Es ist wunderschön, wenn Freunde, Kollegen oder Bekannte uns von ihren Träumen erzählen. Aber es ist wunderschön für sie, nicht unbedingt für uns selbst. Denn jeder hat seinen eigenen Traum!

Die Verlockung des Nachahmens

Oftmals taucht hier auch eine andere Verlockung auf. Nämlich, einfach einen Weg zu kopieren, der bereits für jemand anderen erfolgreich funktioniert hat. Gut möglich, dass man damit sogar schnell Erfolg hat, aber wenn es nicht der eigene Traum ist, wird man auch damit unglücklich bleiben. Wer jemanden nachahmt, muss immer nachlaufen, weil er sich bemühen muss, den anderen nachzumachen.

Das Geheimnis der Wiederholung

Eines der kraftvollsten Geheimnisse, das hinter erfolgreichen Persönlichkeiten steht, die ihre Träume leben, steckt in der Wiederholung.

Wenn wir die Leistungen und Werke von Sportlern, Musikern, Poeten, Unternehmensgrößen oder Vordenkern und Visionären betrachten, diese Personen in den Medien sehen oder wir darüber lesen, wie sie Preise verliehen bekommen oder Medaillen gewinnen, dann erhalten wir immer nur einen kleinen Ausschnitt ihres jetzigen Ichs. Was wir nicht sehen, sind die vielen Jahre, die dieser Leistung vorausgegangen sind. Denn auch sie haben ihr Können und ihre Eigenschaften nicht vollständig von Anfang an in die Wiege gelegt bekommen.

Auch sie wiederholen, wiederholen und wiederholen, um zur Weltspitze zu gehören!

Viele Sportler üben mehrere Stunden am Tag. Jeden Tag! Arnold Schwarzenegger hat in seiner aktiven Zeit als Bodybuilder angegeben, jeden Tag 4-5 Stunden zu trainieren. Und das kontinuierlich an sechs Tagen in der Woche. Wenn er auch nur einen Tag nicht trainiert hätte, wäre er Gefahr gelaufen, den Platz 1 in der Welt zu verlieren.

Wenn Träumer eine gute Idee haben, dann glauben viele von ihnen, es muss sofort auf Anhieb an beim ersten Mal funktionieren. Doch für die meisten kommt der Erfolg erst beim zigsten Anlauf. Das Beispiel von Thomas Edison und seiner Erfindung der Glühlampe ist weltbekannt. Er musste Tausende von Materialien testen, bevor er das passende

Material für den Glühfaden gefunden hatte, mit dem die Glühbirne besonders lang brannte und auch marktreif wurde. Er hat es also in Kauf genommen, tausende Male zu scheitern, um endlich den Erfolg zu ernten. Tausendfache Wiederholung hat ihn zum Erfolg gebracht. Und gleichzeitig hat er 999 Möglichkeiten gefunden, wie es nicht geht. Kaum einer weiß, dass er während dieser unzähligen Tests nebenbei auch entdeckt hat, dass sich der Strom auch auf mehrere Lampen verteilen lässt.

Das Geheimnis der Wiederholung lässt sich aber auch auf anderen Ebenen finden. Mörtel auf der Baustelle abzumischen erfordert beispielsweise Erfahrung. Es bedarf der perfekten Mischung von Wasser und Zement. Ist zu viel oder zu wenig Wasser enthalten, wird der Mörtel entweder zu hart oder zu weich. Erfahrene Maurer auf der Baustelle benötigen keine Messbecher mehr zur Herstellung von Mörtel. Durch jahrelange Wiederholung ist ihnen das richtige Verhältnis aus Zement und Wasser bereits in Fleisch und Blut übergegangen.

Warum ist die Wiederholung so wichtig?

Schon ein altes Sprichwort besagt, Übung macht den Meister. Aber warum eigentlich? Worin besteht das Geheimnis? Warum kann es nicht immer sofort beim ersten Mal perfekt gelingen?

Die Antwort auf diese Fragen steckt darin, dass durch Wiederholung Innovation entstehen kann. Wiederholung schafft den so genannten *innovative edge*, den innovativen Know-how-Vorteil, den diejenigen nicht besitzen können, die nicht hunderte und tausende Male wiederholt haben. Denn erst mit der Wiederholung eines Vorgangs, sei es in Technik, Sport oder persönlicher Entwicklung, lassen sich die Schwächen im System erkennen. So kann man noch ausbessern und verbessern und Feinheiten anpassen, um das Ergebnis noch zu optimieren.

Selbst scheinbar eingefahrene und jahrzehntelang etablierte Vorgänge lassen sich durch Wiederholung noch verbessern und weiter entwickeln. In den 1960er-Jahren etwa war der Hochsprung in der internationalen Leichtathletik bereits weitgehend etabliert und bei den Höhenrekorden schien der Zenith allmählich erreicht zu sein. Bis ein junger Leichtathlet namens Richard Fosbury durch Wiederholung und Training herausfand, dass weitaus höhere Sprünge möglich sind, wenn nicht wie bisher üblich mit den Füßen voran, sondern rückwärts gesprungen wird. Mit diesem neuartigen Fosbury-Flop[xiv] holte er sich bei den Olympischen Spielen 1968 in Mexiko die Goldmedaille und erfand eine Sprungtechnik, die heute zum Standard gehört. Ohne Tests, Training und Wiederholung wäre diese revolutionäre Innovation der Leichtathletik aber nicht möglich gewesen.

Innovationen und Verbesserungen, die durch Wiederholung einer Sache entstehen, lassen sich genauso auch im Kleinen finden. Auf unserem Bauernhof mit angeschlossenen Ferienwohnungen hatte ich beispielsweise immer einen alten Ofen, der mit Holz befeuert wurde. Allerdings war ich lange Zeit nicht überzeugt von der Effizienz dieses Ofens. Immer wieder musste ich große Mengen an Holz und Kohle verfeuern, ohne in den Wohnräumen die gewünschte Wärme zu erreichen. Nur durch die immerwährende Wiederholung des Einheizvorganges und meiner Beschäftigung mit dem Ofen entdeckte ich irgendwann, dass sich hinter dem Ofen ein kleiner Hebel befand, der nach rechts gedreht werden musste, damit die Hitze im Ofen bleibt und sich nicht in den Rauchfang verflüchtigt. Wegen dieser kleinen Änderung konnte ich fortan nicht nur die Wohnräume mit Leichtigkeit auf Temperatur halten, sondern auch rund € 5000,-- jährlich an Heizkosten einsparen. Nur ein paar Zentimeter haben darüber entschieden, ob ich € 5.000,-- mehr oder weniger pro Jahr an Heizkosten ausgeben muss und ob es 15 Grad mehr oder weniger auf insgesamt 2.000 m² Wohnfläche hatte!

Eine solch kleine Änderung hatte so immense Folgen! (Schmetterlingseffekt)

Und hier sind nur die unmittelbaren Folgen in meiner unmittelbaren Wahrnehmung aufgezählt. Nicht abzusehen, welche Folgen diese kleine Änderung noch hat. Möglicherweise fühlen sich meine Gäste in den Ferienwohnungen nun wohler, da es wärmer ist und sie empfehlen sie öfter weiter. Vielleicht kann ich die € 5.000,-- jährlich, die ich nun einspare, verwenden, um die neuen Ferienwohnungen schneller fertig zu stellen. Vielleicht trägt es dazu bei, dass mehr Veranstaltungen im Veranstaltungssaal gebucht werden oder darin Konferenzen länger als bisher abgehalten werden und somit Kontakte zwischen Menschen stattfinden können, die mitunter später einmal die Welt verändern werden. Es ist einfach nicht abzusehen, welche immensen Auswirkungen ein kleiner Hebel haben kann.

Glaubenswiderstände

Obwohl Galileo Galilei darauf beharrt hatte, dass nicht die Sonne sich um die Erde dreht, sondern umgekehrt und dies sogar, obwohl man ihn deswegen ächtete, in Arrest steckte und ihn umbringen wollte, glaubte ein Großteil der allgemeinen Bevölkerung noch viele Jahrzehnte und Jahrhunderte (!) lang, dass die Erde der Mittelpunkt des Universums sei. Denn die Kirche sowie so gut wie alle anderen Personen, die man gefragt hätte, glaubten dies ebenso. Warum sollte es anders sein?

Erst 1992 (!), rund 350 Jahre nach Galileis Tod, hat ihn die katholische Kirche offiziell wieder rehabilitiert.[xv]

Die Allgemeinheit überlegt nicht kritisch, sondern übernimmt allgemeines Denken, ohne es zu überprüfen.

Die Welt hält tatsächlich Träumer davon ab, Gutes zu tun in ihr. Einfach weil vieles, das Träumer tun wollen, nicht in das gängige Weltbild passt. Natürlich bedeuten diese Widerstände einen großen Dämpfer für Träumer. Je mehr dieser Widerstände sie wahrnehmen, desto kleiner werden ihre gedanklichen Aussichten, dass ihr Traum tatsächlich in Erfüllung gehen kann.

Der allgemeine Glaube und das allgemeine Meinungsbild lässt uns glauben, dass unsere Aktionen keine Wirkung haben; nur ein bisschen wirken oder eben gar nicht. Auch unser Selbstbewusstsein wird häufig mit Füßen getreten. Wir sollen ja nicht aus der Masse herausstehen und man lässt uns glauben, wir seien nichts mehr als eine Nummer in der Gesellschaft. Man macht uns glauben, wir und alles, das wir tun, spiele keine Rolle. Die Welt möchte tatsächlich, dass wir das glauben!

Wer beginnt, daran zu glauben, dass er wichtig und relevant ist, dessen Aktionen werden auch relevant sein.

Die Wahrheit ist, dass selbst die kleinste Bewegung ewige Folgen hat und es daher wert ist, Taten zu setzen!

Der Pawlow-Effekt

Die meisten geben auf, wenn sie Hürden sehen. Wenn es 3x passiert, dass sie Hürden nicht durchbrechen oder überwinden können, kommt das Pawlow-Prinzip automatisch in jedem Menschen zum Einsatz.

Der russische Mediziner und Physiologe Iwan Petrowitch Pawlow[xvi] hat sich lange mit diesem Phänomen der Konditionierung beschäftigt.

Wenn man einem Hund ein Stück Fleisch zeigt und jedes Mal, wenn er herkommt, bekommt der Hund einen leichten Schlag auf den Kopf anstatt das Fleisch, wird er beim vierten Mal nicht mehr kommen, wenn man ihm das Fleisch zeigt.

Genauso funktioniert es natürlich auch umgekehrt, wenn man dem Hund jedes Mal ein Stück Fleisch gibt, wenn man eine Glocke läutet. Irgendwann wird der Hund auch kommen, wenn er nur die Glocke hört, obwohl kein Fleisch da ist.

Es findet eine Konditionierung statt. Auch im Menschen kann sich diese Konditionierung festigen. Wenn wir mehrmals Absagen erhalten oder Hürden nicht überwinden können etwa. Diese Konditionierung ist aber rein geistig und hat mit der Realität nichts zu tun! Vielleicht hätte es beim vierten Mal ja doch funktioniert.

Wer einmal in dem Pawlow-Prinzip gefangen ist, der glaubt auch nicht mehr an den Hebeleffekt, den Butterfly-Effekt und an seine eigenen

Träume. Das System ist so gebaut, dass wir den Glauben verlieren. Aber wenn wir den Glauben weiter daran behalten, dass alles, was wir tun, ewige Folgen haben wird, dann brechen wir durch die Wand der Widerstände. Dies gelingt jedoch nur mit der Hilfe des Herzens und fester Überzeugung. Die meisten verlieren ihren Glauben jedoch an der Wand des Widerstandes.

Der Traum-Autopilot

Im Kapitel zu „Wiederholung" haben wir erfahren, dass die Wiederholung uns den entscheidenden Vorteil geben kann; die Möglichkeit, Fehler auszubessern und Feinheiten zu justieren. Wiederholung ist jedoch auch aus einem ganz anderen Grund sehr wichtig. Denn die Wiederholung stärkt auch den Glauben an das eigene Ziel und verschafft das Bewusstsein, seine Ziele erreichen zu können

Zu Beginn eines Projekts, eines Veränderungsprozesses oder eines Trainings sind viele Menschen sehr euphorisch und überzeugt von sich selbst. Sie haben den festen Glauben an ihren Traum und ihre Ziele!

Doch irgendwann merken sie, dass sie nicht so schnell vorankommen, wie sie gedacht hatten und sich die Erfolge nicht so rasch einstellen, wie sie es sich wünschen würden. Viele von ihnen vernachlässigen ihr Training und sie verlieren nach und nach den Glauben an ihr Ziel. Sie vertrauen nicht mehr in ihren Traum und die Motivationskurve fällt stark nach unten ab. Schnell suchen sie sich zweitrangige Ziele.

Wer sich jetzt nicht überwinden kann, das Training wieder aufzunehmen und den Glauben zurückzugewinnen, der darf nicht überrascht sein, wenn er auf demselben Niveau verharrt und sich mit niedrigeren Zielen zufrieden gibt. Wer aber wieder die Wiederholung startet, gewinnt schnell wieder an Selbstvertrauen und wird immer mehr darin bestärkt, sich am richtigen Weg zu befinden.

Die Wiederholung bringt uns zurück zum Glauben!

Umschalten auf Autopilot! Wer oft genug wiederholt hat, dessen Körper und Geist gewöhnen sich an die Situation, die nun zum neuen Wohlbefindenszustand wird. Wir schalten auf Autopilot. Dieser Wohlbefindenszustand wird nun zur Normalität. Es ist die perfekte Ausgangsbasis, um Wettkämpfe zu bestreiten und Rekordziele zu erreichen.

Warum ist das so?

Weil unser Gehirn so funktioniert. Am liebsten schaltet es in den Autopiloten, weil dies gewohnte Umgebung, gewohnte Abläufe und gewohnte Tätigkeiten bedeutet. Unser Gehirn muss sich also auf nichts Neues einstellen und kann eine ruhige Kugel schieben. Wenn man eine Sache oft genug wiederholt, geht man irgendwann in den Autopiloten über. Der wiederholte Zustand wird zur neuen Normalität.

Wer es sich angewöhnt, zu einer gewissen Zeit aufzustehen, sich immer zu rasieren, in den Spiegel zu schauen, Kaffee zu machen; wer diese Schritte immer wieder in diesem halb unbewussten Zustand macht, das Hemd anziehen, den Kaffee trinken, ohne kritisch zu denken, der befindet sich dabei im Wohlbefindenszustand. Alles läuft wie immer. Wie im Autopiloten. Das ist der Zustand, wo wir uns ganz zufrieden fühlen. Diesen erreicht man mit Wiederholung. Darum ist die Wiederholung wichtig.

Wer immer wieder wiederholt, auf einem Bein in die Arbeit zu hüpfen, der wird dort irgendwann in den Wohlbefindenszustand umschalten und es wird Normalität. Wer sich angewöhnt, täglich 10 Runden im Schwimmbad zu schwimmen, für den wird diese Gewohnheit zum Wohlbefindenszustand. Man nennt es auch den Flow-Zustand.

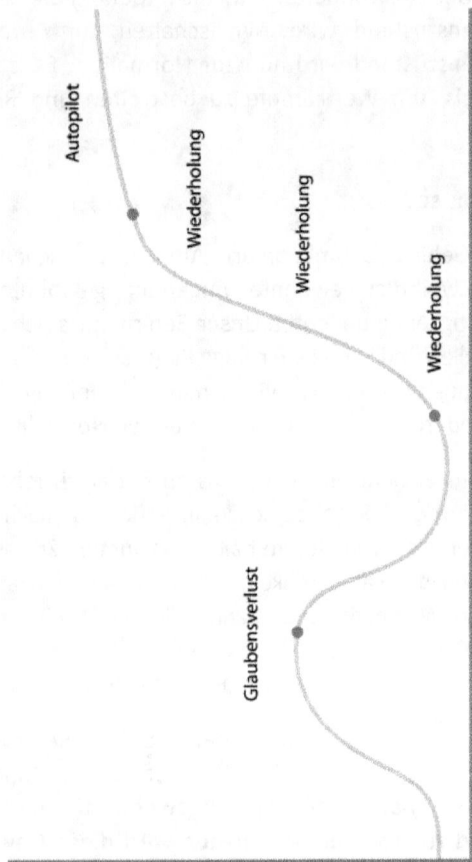

Autopilot

Wiederholung

Wiederholung

Wiederholung

Glaubensverlust

Chaos-Theorie

Die Chaos-Theorie ist eines der grundlegenden Prinzipien, nach denen unsere Welt, ja sogar das ganze Universum, funktioniert.

Die Chaos-Theorie besagt, dass auch in der Ordnung immer Unordnung zu finden ist. Ein Wirbelsturm etwa wirkt auf uns sehr chaotisch und natürlich auch zerstörerisch. Aber selbst er folgt einer gewissen Ordnung.

Träumer, die die Welt verändern wollen, die Vordenker sein und altbewährte Mauern einreißen möchten, müssen sich das Prinzip des Wirbelsturms zu Nutze machen. Gerade am Beginn steht das neue, innovative und kreative Denken den etablierten Strukturen der Ordnung in unserer Gesellschaft gegenüber. Das kreative Denken wirkt dabei geradezu unordentlich, weshalb die neuen Ideen oftmals auch ausgelacht und klein geredet werden.

Doch jede Ordnung in unserer Welt entstand anfangs aus Unordnung. Das ist ein unumstößliches Prinzip, das wir nicht vergessen dürfen. Der Träumer bringt seine kreative Unordnung in die bestehende Ordnung. Dadurch entsteht Neues! Der Stillstand wird vom Fortschritt abgelöst.

Es ist wichtig, immer wieder Neues entstehen zu lassen. Selbst bei so grundlegenden Dingen wie der Landwirtschaft ist dies notwendig. Selbst wenn mein Lagerhaus mit Weizen voll ist, wird er irgendwann ausgehen. Und spätestens dann werden wir verhungern. Nur wenn neuer Weizen wächst, ist für alle genug da.

Wir Menschen neigen dazu, vom vergangenen Vorrat leben zu wollen. Das ist auch der Grund, warum viele Menschen alles daran setzen, den Status quo aufrecht zu erhalten. Doch der Vorrat ist begrenzt und er läuft aus! Wir leben von Träumen, von neuem Leben. Schon ein einzelnes Korn kann zu einem ganzen Feld werden.

Auch ein Apfel enthält mehrere Kerne, die jeweils noch zwei weitere Kerne enthalten. Pflanzt man diese Kerne ein, sodass ein Apfelbaum entsteht, so entstehen unbegrenzte Möglichkeiten. Denn auch aus einem einzelnen Apfelbaum können über die Jahre hinweg Hunderte oder gar Tausende werden. Versucht man aber, nur von dem Vorrat an Äpfeln im Keller zu leben, ist der Vorrat irgendwann erschöpft. Auch die gesamte Weltwirtschaft und -kultur hat deshalb chaotische, unordentliche, kreative Denker und Visionäre notwendig, die neues Leben schaffen! Denn wir können nicht ewig vom Vorrat zehren.

Also, keine Angst, wenn es anfangs chaotisch zugeht! Das Chaos stand immer am Anfang von etwas Großem.

Renaissance 3.0

Wie alles in der Welt baut auch dieses Buch selbstverständlich auf dem Schmetterlingseffekt auf. Auf dieser Welt gibt es unzählige von Menschen, die ernsthafte Träume haben, aber vielleicht noch nicht wissen, wie sie ihre Träume umsetzen können oder einfach nicht selbstbewusst genug sind und nur noch den entscheidenden Hinweis benötigen.

Stellen wir uns vor, dieses Buch hilft dabei, nur 5% dieser Träumer dazu zu verhelfen, ihre Träume in die Realität zu bringen. Welche Folgen könnte dies auf unsere gesamte Welt haben?

Eine neue Renaissance

Unter der Renaissance verstehen viele Menschen heute eine Epoche der europäischen Geschichte, die vor allem durch Werke der Kunst, Architektur und Musik gekennzeichnet war. Aber der eigentliche Ausgangspunkt dafür lag anderswo.

Nach dem Untergang des Römischen Reiches verfiel der europäische Kontinent nach und nach ins dunkle Mittelalter. Die Aristokratie und vor allem die Kirche wurden mächtig und schufen eine Atmosphäre, in der der Fortschritt kaum Platz hatte. Der individuelle Mensch und seine Talente galten nicht viel.

Erst im 14. und 15. Jahrhundert setzte wieder ein allgemeines „Erwachen" ein, durch das die Menschen ihre Lebensumstände nicht mehr als gegeben ansahen. Auch wurden antike Werke aus dem alten

Rom, Griechenland und dem arabischen Raum wiederentdeckt und brachten damit auch Wissen. Neben rein religiösen Ansichtsweisen etablierten sich nun mehr und mehr auch weltliche und offenere Perspektiven.

Diese Entwicklung, die im Grunde zuerst in den Köpfen der Bevölkerung stattfand, machte den Weg frei für zahlreiche Entwicklungen und Erfindungen in allen Bereichen, die Gesellschaftsstrukturen, Kunst, Politik und selbst die Wirtschaft veränderten. Die Renaissance, die Zeit des „Erwachens", ebnete den Kurs für einige europäische Staaten, um zu wirtschaftlichen, militärischen und politischen Weltmächten aufzusteigen und Jahrhunderte des Fortschritts einzuleiten.

Die Renaissance 3.0

Vielfach können wir heute eine ähnliche Situation beobachten. Zwar ist die Kirche mit ihrer Macht in den Hintergrund gerückt, doch haben die meisten Menschen heute die Ansicht, dass ihre Taten kaum Auswirkungen hätten und sie keine Veränderung schaffen könnten. Es herrscht ein Zwangsdenken, das mit der Realität nicht viel zu tun hat und teilweise sogar regelrechte Ohnmacht, ohnehin nichts ausrichten oder verändern zu können.

Was es benötigt, ist ein neues Erwachen, ein neues Selbstbewusstsein und vielleicht sogar eine Renaissance 3.0.

Wenn Menschen heute nicht nur Träume in ihren Köpfen durchspielen, sondern auch den Mut und das Selbstbewusstsein haben, neue Wege zu gehen und anders zu agieren, um damit Anderes zu schaffen, kann es nicht nur möglich sein, die Probleme dieser Welt zu lösen, sondern vielleicht sogar Träume der Menschheit gemeinsam zu erreichen.

Wir sollten nicht vergessen, dass jede unserer Taten Auswirkungen hat und mitunter mächtige Werkzeuge darin schlummern, die wir weise einsetzen sollten.

Es hat Auswirkungen, ob jeder das System betrügt oder nicht. Sei es, wenn er seine Steuern hinterzieht und seien es nur 50 Euro. Wenn jeder diese 50 Euro korrekt bezahlt und jeder sich an die Regeln hält, wird dies zwangsläufig das gesamte System ändern. Es kann gar nicht anders sein!

Beispiele wie dieses finden sich überall. Heutzutage braucht es zehn Polizisten, um auch nur ein paar Straßenzüge auf Falschparker zu kontrollieren. Doch was bringt es der Gesellschaft, wenn ein Polizist die Straße rauf und runter geht und Strafzettel austeilt? Ist das nicht ein Zeit- und Energieverlust für die Gesellschaft? Und nicht zuletzt ein finanzieller? In Mitteleuropa kostet es wahrscheinlich rund 2.000 – 3.000 Euro monatlich, um einen Polizisten anzustellen. Multipliziert mal zehn Polizisten und einem Jahr, zehn Jahren, 20 Jahren, ergeben sich dadurch gewaltige Summen. Und am Ende wurden wieder nur

Strafzettel wegen Falschparkens ausgestellt. Stattdessen könnte der Polizist auch sinnvolleren Tätigkeiten nachgehen, um Sicherheit und Ordnung zu sichern. Können wir unsere Energien nicht klüger einsetzen? Wenn jeder eine kleine Tat setzt und sein Auto anständig parkt, wird dies das System verändern!

Ob es auf der Korruptionsebene ist oder in anderen Bereichen. Wenn den Menschen bewusst wird, dass das Verhalten eines Einzelnen gewaltige Folgen auf die Gesellschaft und die ganze Welt hat und dieses Bewusstsein auch in ein neues Verhalten umgewandelt wird, wird dies die Welt verändern.

Es ist eine universelle Wahrheit. Doch das momentane System verhindert, dass wir das glauben.

Wenn es uns gelingt, dass nur 5% der Träumer dieser Welt ihre Träume realisieren können, wird dies Auswirkungen auf die restlichen 95% haben. Schon in der Renaissance kam die Veränderung mit den Träumen. Verabschieden wir uns vom Zwangsdenken und kommen wir zum anders Agieren! Beginnen wir eine neue Art, uns zu verhalten.

Beginnen wir jetzt die Renaissance 3.0

"Ich favorisiere wirklich ein System, in dem Worte in der Lage sind, die gesamte Regierungsstruktur aufzurütteln, wo Worte sich als mächtiger erweisen als zehn militärische Divisionen."

Vaclav Havel

Große Türen schwingen in kleinen Angeln!

3x neu begonnen

In meinem Leben habe ich drei Mal einen großen Kurswechsel unternommen und drei Mal komplett neu angefangen und mich neu erfunden. Und natürlich liegt noch viel vor mir und es kann durchaus sein, dass ich mich in meinem Leben vielleicht noch ein- oder auch mehrmals neu erfinden muss oder möchte. Ich bin überzeugt, jeder kann das, wenn er nur einige der Hinweise in diesem Buch mit offenen Augen und Ohren aufnimmt.

Wie erwähnt, braucht es Träumer in unserer Welt mehr denn je. Nun ist es wichtig, dass diese Träumer auch selbstbewusst auftreten und ihre Träume laut aussprechen, anstatt sie in schönen Seifenblasen dahin wachsen zu lassen und irgendwann, wenn es zu spät ist, zu erkennen, dass sie viel Zeit und noch mehr Chancen verstreichen haben lassen.

Den noch fehlenden Hinweis gefunden?

Jeder Mensch ist individuell, hat seine eigenen Vorkenntnisse und Prägungen und auch seine individuellen Träume. Daher gibt es keinen Fahrplan für Träume, der 1:1 für jeden Traum umgesetzt werden kann. Aber es gibt einige grundlegende Regeln und Mechanismen, die seit Jahrtausenden in unserer Welt Bestand haben und die unterstützend wirken, um einen Traum in die Realität zu bringen.

Es ist also nicht wichtig, nun alle Hinweise in diesem Buch nacheinander umzusetzen. Wichtig ist, dass jeder den fehlenden Hinweis für sein Leben, für seinen Traum gefunden hat. Vielleicht fehlt gar nicht mehr viel und durch einen kleinen Hinweis, vielleicht aus diesem Buch, kann ein Traum endlich realisiert werden. Es ist ein Puzzle und wenn nur ein Puzzlestück fehlt, kann das Bild nicht vervollständigt werden. Manchmal reicht es schon aus, einen Schritt nach links oder rechts zu gehen, um sich richtig zu positionieren! Ich bin überzeugt, dass die Leser dieses Buches auf dem richtigen Weg sind. Schon das Interesse für dieses Buch mit diesem Thema zeigt deutlich, dass man Demut vor der Welt zeigt und gewagt hat, nach Unterstützung zu fragen.

Niemals darf vergessen werden, dass es Veränderung in der Persönlichkeit braucht, um Großes zu schaffen und große Dinge auch sehr simpel sein können. Jeder soll zu seinem eigenen Traum stehen und ihn laut aussprechen und an das glückliche Momentum derer glauben, die etwas Neues beginnen. (Serendipity).

Flumina de ventre eius fluent aquae vivae: *Die Kraft, unsere Träume zu erreichen, steckt in jedem von uns selbst!*

Schmetterlings-Effekt bei Träumen: *Der Flügelschlag eines Schmetterlings in Japan löst einen Wirbelsturm in Südamerika aus.*

Wenn wir es wollen, ist es kein Traum mehr: Sobald der Schalter im Kopf umgelegt ist, ist es Realität!

3 Ts: *Ohne Taten sind Träume tot. Taten bringen unsere Träume zum Tanzen!*

Redwood-Prinzip: *Wer hoch hinaus will, muss starke Wurzeln ausbilden (im Herz).*

Domino-Effekt: *Jede noch so kleine Aktion kann unzählige große Auswirkungen haben.*

Fragen, Verfolgen, Handeln: *Wer fragt, zeigt Demut!*

Was immer du tun kannst oder träumst, tun zu können. Beginne es! : *Setze den ersten Schritt und Unterstützung ist dir sicher.*

Archimedes, Gib mir einen Platz, an dem ich stehen kann…: *Es kommt auf den richtigen Hebel und den richtigen Hebelpunkt an.*

Metamorphose: *Wer sein Leben verändern will, muss bereit sein, sich selbst zu verändern.*

Newtons 3. Gesetz: *Jede Aktion hat eine Reaktion!*

2.000 Jahre sind Realität geworden.

Mehrwert: *Oft genügt es schon, nur einen kleinen Wert hinzuzufügen.*

KISS: *Halte es simpel und einfach.*

Entscheiden & konsequent handeln: *In dem Moment, wo sich jemand definitiv zu seiner Sache bekennt, nimmt die Fügung ihren Lauf!*

Metamorphosis contra agere: *Aus Angst muss Selbstbewusstsein werden.*

Chaos-Theorie: *In jeder Ordnung steckt Unordnung. Unordnung ist die Grundlage für neues Leben!*

H-H-H: *Vom Kopf ins Herz in die Hände!*

Über den Autor:

Raja Öllinger-Guptara ist ein Changemaker, der nachhaltige Projekte unterstützt und kreiert. Sein Ziel ist es, Strategien aus der Kombination der Einzigartigkeit der Vergangenheit und den Anforderungen der Zukunft zu entwickeln mit der Notwendigkeit zwischen dem, was wichtig und was essenziell ist, zu unterscheiden.

„Wir haben die Macht, jeden Moment ändern, zu jeder Zeit."

Er ist in vielen touristischen Projekten wie Geinberg Suites, Via Nova Center und Bäckerbergerhof beteiligt. Raja studierte auf der ganzen Welt, von New Dehli bis Miami. Er ist einer der Gründer und Investoren der King´s Kurry AG, dem derzeit größten Kette von indischen Restaurants in Kontinentaleuropa.

www.youtube.com/watch?v=rC60en_vgmY

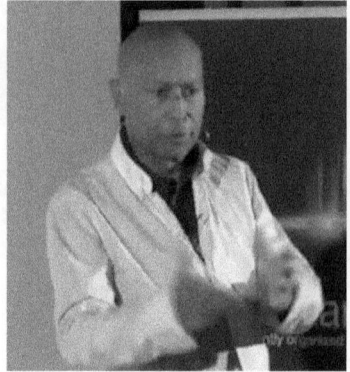

Danksagung

Mein besonderer Dank gilt dem Verlag serendii publishing, ohne den dieses Buch nicht möglich gewesen wäre.

„Dank an alle, die sich eine andere, bessere Welt wünschen"

Raja Öllinger-Guptara

Weiterführende Unterstützung bei Träumen:

Weiterführende Informationen rund um „Der Midas-Effekt" sowie wichtige Hinweise rund um die Traumverwirklichung sind unter folgenden Links zu finden:

www.der-midas-effekt.com

www.facebook.com/midaseffekt

Alle Leserinnen und Leser erhalten außerdem 20% Rabatt auf die Changemaker-Seminare in den Geinberg Suites in Geinberg, Österreich mit Raja Öllinger-Guptara.

Dazu genügt es, das 1. Wort im Kapitel „Metamorphosis contra agree" im Fließtext ausfindig zu machen und es an office@geinberg-suites.com zu schicken.

Stichwortverzeichnis

---

[i] http://de.wikipedia.org/wiki/Schmetterlingseffekt 14.02.2014
[ii] www.hargassner.at
[iii] Paulo Coelho, Der Alchimist, ISBN 978-3257237276
[iv] Theodor Herzl, Der Judenstaat, ISBN 978-3717540557
[v] Theodor Herzl, Altneuland, ISBN 978-1493587889
[vi] http://de.wikipedia.org/wiki/Mc_Donalds 14.02.2014
[vii] http://de.wikipedia.org/wiki/Serendipität 14.02.2014
[viii] Malcom Gladwell, The Tipping Point, ISBN 978-0316679077
[ix] Federico Pistono, Robots will steal your job, but that´s ok, ISBN 978-1479380008
[x] Liz Wiseman, Lois N. Allen, Elise Foster, The Multiplier Effect – Tapping the Genius inside our schools, ISBN 978-1452271897
[xi] Malcom Gladwell, Outliers: The Story of Success, ISBN 978-0316017930
[xii] http://www.nytimes.com/2007/01/03/nyregion/03life.html?_r=0 17.02.2014
[xiii] Malcom Gladwell, Blink – The power of thinking without thinking, ISBN 978-0316010665
[xiv] www.en.wikipedia.org/wiki/Fosbury_Flop 17.02.2014
[xv] www.de.wikipedia.org/wiki/Galileo_Galilei 17.02.2014
[xvi] www.de.wikipedia.org/wiki/Iwan_Petrowitsch_Pawlow 17.02.2014

www.ingramcontent.com/pod-product-compliance
Lightning Source LLC
LaVergne TN
LVHW051558080426
835510LV00020B/3030